高校体育教育管理研究

但懿 著

人民体育出版社

图书在版编目（CIP）数据

高校体育教育管理研究 / 但懿著. -- 北京：人民体育出版社, 2023（2024.7重印）
ISBN 978-7-5009-6206-9

Ⅰ. ①高… Ⅱ. ①但… Ⅲ. ①高等学校－体育教育－研究 Ⅳ. ①G807.4

中国版本图书馆CIP数据核字(2022)第162111号

*

人民体育出版社出版发行
北京建宏印刷有限公司印刷
新 华 书 店 经 销

*

710×1000 16开本 12.25印张 221千字
2023年2月第1版 2024年7月第3次印刷

*

ISBN 978-7-5009-6206-9
定价：66.00元

社址：北京市东城区体育馆路8号（天坛公园东门）
电话：67151482（发行部） 邮编：100061
传真：67151483 邮购：67118491
网址：www.psphpress.com
（购买本社图书，如遇有缺损页可与邮购部联系）

前　言

高等学校是为国家培养高素质专门人才的阵地，健康体魄是高素质人才的物质载体，学校体育是培养高素质专门人才的重要环节。近年来，随着我国社会长期稳定，经济持续增长，教育改革不断深化，素质教育全面推进，高等学校体育工作取得了令人瞩目的成绩。但是，我们必须清醒地看到，高等学校体育工作仍然是高等教育中最为薄弱的环节之一。一些学校领导体育意识淡薄；生均体育资源随着高校扩招出现负增长；学生中存在着怕苦怕累的思想，缺乏体育锻炼的习惯，特别是学生的某些身体素质指标持续下降。高校体育教学管理是高校体育管理的重要内容。目前的高校体育教学管理存在管理理念滞后、管理体系不健全、管理机制不完善、管理难度大等问题。更新管理理念、提高管理水平、实施课内外全面学分制管理、引进ISO 9000标准建立高校体育教学质量管理体系是行之有效的对策。有鉴于此，笔者写作了《高校体育教育管理研究》一书。

本书分为六个章节。第一章是绪论部分，主要对高校体育进行概述。第二章是高校体育教育理念及其发展，谈到了教育理念的改革创新。第三章是高校体育教学内容的发展，主要包括体育教学内容的目标与要求、体育教学内容分类与层次、体育教材变化及其内容等。第四章是高校体育教学管理分析，包括高校体育教学管理概况、高校体育教学管理工作内容和课程管理等。第五章是高校课余体育活动管理研究，包括高校课余体育活动管理、课余体育训练管理以及大学生体育文化节组织管理。第六章对高校体育教育发展管理模式进行研究。

本书坚持系统性、专业性的编写原则。系统性主要体现在对体育教学和体育管理方面的层次性研究，将内容分门别类，逐渐递进。专业性主要是指对于体育教育和管理的理论阐述，力求做到客观、新颖、适用，并且在撰写的时候将理论知识和时代特征融合创新，紧密结合实际，具有较强的实践性。

本书所研究的课题在高校体育教学和管理方面具有重要意义。本人在写作的过程中参考和借鉴了大量的相关理论著作，虽然力求理论清晰、观点创新，但由于水平有限，在撰写时难免会出现不足之处，还请广大读者批评指正。

著者

2022年1月

目 录

第一章 绪论

第一节 高校体育概述

一、高校体育教学目标

（一）确认普通高校体育教学目标的意义

随着素质教育的全面推进，在深化改革中，人们对普通高校体育的育人价值进行了深入的探讨和发掘，对体育教学目标也进行了多层次、多维度的界定，提出了更高的要求，从而对体育课程寄予了更大的教学期望。那些围绕高校体育目标的研究，极大地丰富了体育教育的功能，使人开阔了眼界，获益匪浅。但是，当我们将理论付诸体育教学活动中时，会发现在有限的体育教学条件下，要同时完成太多的教学任务是一件十分困难的事情。究其原因，恐怕就是在处理学校教育、学校体育和体育教学三者之间的关系时出现了一定程度的混淆，为体育教学堆砌了太多的目标。普通高校体育教学改革已进行多年，试了各种方案，至今尚无定论，不少地方还处于“捡到筐里的就是菜，丢在地里的是野草”的状态。笔者认为，客观地确认高校体育的教学目标，是我们进行教学大纲、教学计划、教学内容等课程改革以及进行教学资源配置和师资队伍建设的基本前提。唯有如此，才能使我们摆脱顾此失彼的窘境，真正做到使体育教学在一门课程的范畴内健康运行。

（二）影响普通高校体育教学目标确认的主要因素

1. 普通高校教育目标的层次划分

普通高校的教育目标可分为三个层次。第一层次是学校教育总目标，《中华人民共和国高等教育法》第四条指出，高等教育必须贯彻国家的教育方针，为社会主义现代化建设服务，与生产劳动相结合，使受教育者成为德、智、体、美等方面全面发展的社会主义事业的建设者和接班人。可以说，学校的一切工作都是为这个总目标服务的。第二层次是学校的德、智、体、美等各个方面分别有各自的目标，它们相互联系、相互渗透，但不能相互替代，且各自的改革和发展都必须服从和服务于学校教育的总目标。第三层次是根据专业特点和不同性质而设置的各门课程，与其他教学内容共同构成学校教育大系统的基础。以此出发，我们不难推断出高校体育工作和体育课程各自的恰当属性。

2. 对人文性教化意义的理解

“学校体育作为身体文化和社会文化的一部分，在修身养性、育德教化方面，具有特殊的功能”。从现代教育理念的视角看，体育不仅能强身健体，还能培养学生不怕挫折和失败、勇于克服困难的精神，培养学生勇于竞争、敢于拼搏的精神以及群体意识与协作精神。可以说，体育之于学生心理素质和社会适应性的育人效果，比任何其他课程更加直接和鲜明。当我们说体育课程具有其他课程不可替代的功能的时候，同时也包含了丰富的人文性方面的养育价值。在体育活动中，其人文性是透过丰富的活动内容和长期的身体实践过程得到体验、沉淀或集成。在多数情况下，它与生俱来且十分丰富地存在于各种竞技体育形式当中，且其显现过程并不以人们的意志为转移。只要是按照其固有的特征与规律参与其中，必然能够获得健身以外的各种体验，并从中受到教化。这种教化不是说教式的，它是潜移默化地、长期不断地对学生思想深入浸润的结果，并可期望在学生今后的人生中折射出来。可以这样说，我们预期的人文性教化方面的实现，是学校体育、学校教育乃至全社会共同影响的结果，其中自然也包括体育教学的作用。而需要弄清的是，作为高校体育基本组织形式的体育教学活动，无论从时间还是空间等方面看，对直接达成这种效果均存在着一定的局限性。同时，从教学管理角度看，学生的人文性接受程度如何，是很难进行客观评价的。因此，它的提出应是一种“学校体育”层次的指导思想，应在体育教学过程中得到体现，如将其认定为高校体育教学的目标则有失偏颇。

3. 对终身体育思想的理解

派生于终身教育思想的终身体育，指的是社会对每一个成员一生的各个阶段都有施以体育教育的义务，而社会成员也随时都有享受体育的权利和必要，它的整个过程一般分为家庭体育、学校体育和社会体育。从整体上看，它们有紧密的联系，但各阶段的实现又依赖于不同的环境和条件，特别受到社会发展水平的制约。

我们在检讨过往学校体育工作时，常常将学生走上社会以后未能继续参与体育活动的现象归咎于体育教育的失败。这一看法有道理，但未必尽然。有研究表明，作为社会中坚的我国“从26岁至55岁各年龄段体育活动参加者不仅人数比例值最低，且能坚持每周至少参加一次以上体育活动的系统锻炼者比例也最低。但调查结果表明今后打算参加体育活动者中，这部分人群占有最高的比例。中国26~55岁各组人群并非是不喜欢体育活动，而是鉴于各种原因而未能更多地加入体育活动者行列”。事实上，工作学习繁重、闲暇时间少、生活负担较重等问题，在过去、现在和将来一段时间里都是制约我国青壮年人群体育行为的主要因素。所以，从一定意义上讲，在学校体育中树立终身体育的观念，想要达成的乃是一个方向性的期望目标。期望学生通过学校体育教育的全过程，积累必要的体育知识，掌握一定的运动技能和健身方法，并养成锻炼的习惯，毕业以后能够在适当的机会和场合主动地将所学付诸实践。在这里，并不考虑优越的学校体育环境与严峻的社会现实之间的巨大差异。当然，随着我国改革开放的步伐，社会必将飞速进步，人们的生存条件定会极大地改善，对提高生活质量的需求将会更高增加，对于学校体育与社会体育良好衔接的期盼是能够得到逐步实现的。不过，在我们描述学生终身体育的实现轨迹时，还要清楚地认识到：在知识爆炸的当今社会，学校阶段的所学远远不能满足需要，人们只有不断地学习、更新知识，才能适应社会的发展，这已是现代人的共识。同理，终身体育既是一个价值选择和实践的过程，也是社会提供保障与个体自我需要再学习的过程。学校体育对于终身体育并不能包打天下，要不然，当终身体育思想还原于终身教育思想时，在逻辑上又该如何解释呢？同时，当我们对终身体育思想作进一步的理解和把握时，还应该认识到，学校体育的近期目标（阶段效益）和预期目标（终身效益）是一个整体。为达终身体育之目的而对学生进行能力、习惯、意识、学习技术等的培养，其实也是为实现阶段效益所必须做好的工作。抑或是注重增强体质、增进健康的近期目标，“不但对学生近期身体发展有现实的意义，而且会为学生一生的身体发展打下良好的基础，对终身体育也有长远的积极意义”。因而可以说，围绕学校体育各种目标开展的一切活动，都可以归纳到“终身体育”的概念下，只不过孰轻孰重，存在一个轻重缓急和价值选择罢了。

（三）普通高校体育教学目标的归类与把握

1. 身体素质类

“从素质教育的角度讲，体育课程的核心目标，就是要提高学生的身心健康素质，即增强体质、增进健康”，“这是近百年来民族体质蔫弱所受的屈辱和当今强国强种振兴中华的呼唤”[①]。在高校体育教学中，将提高身体素质列为基本目标，既符合社会需要，也符合学生主体的需要。从与体质有关的诸要素看，全面锻炼身体，是增强体质最积极主动的手段。从心理学的角度看，提高身体素质的过程，也必定是改善身体形态的过程，有助于使主体逐步建立良好的自我概念。有研究表明，良好的自我概念也是构成主体良好心理状态的要素之一。同时，通过科学的体育教学过程和体育锻炼过程，学生身体素质是否提高，也是显而易见、能够预期，并可通过各种方式进行评价的。因此，可以认为，将提高身体素质作为体育教学基本目标，既是遵循健康第一的指导思想，也是符合体育的本质特征和课程概念的。

①谷茂恒，姜武成．高校体育教学评价体系的构建［M］．北京：航空工业出版社，2019．

2. 技术与技能类

学习运动技术与提高运用技术的能力，应该是体育教学的主要目标。通过一定时段的教学活动，某一项技术是否学会，能否做到合理运用，是可以预期和控制并能采用各种方法给予评价的。在这里需要把握的是：

（1）尊重学生的自主选择

兴趣是习惯的动力，这是人尽皆知的道理。体育运动的门类很多，学生的个人爱好也是多种多样的。在体育教学中，根据学校的场地和师资条件，尽可能多地开设学生感兴趣且健身价值高的课程，给学生提供最大的选择机会。从过去的“我教什么，学生就学什么”，转变为“学生喜欢什么，我们就教什么”，这是做到使学生乐而好学、身顺心也顺的基础。从有利于学生“学会”的角度看，目前许多高校从1年级起开设选项课的办法，是较好的选择。

（2）注意把握竞技与健身的平衡点

当今所有竞技体育项目大多是源自游戏，而为全民健身运动设计的体育项目，也大多以竞争性的面貌出现，这是不争的事实。而我们所看重的体育的人文性、娱乐性也大多存在于其竞争性当中，可以说，失去竞争，体育就没有什么意义了。因此，体育教学在很大程度上并不是选择什么内容的问题，而是一个如何根据项目的特点组织丰富多彩的教学活动的问题。要摒弃那些纯技术的、一切追求正规化的教学观点，要讲究因人而异，因材施教，协调好竞技、健身与娱乐的关系，让学生在生动、活泼的氛围中学会技术，提高运用能力。

（3）注意目标评价方法的导向性

在技术、技能类的考试中，如果仅作定量评价的话，有忽视学生个体差异的倾向：而只进行定性评价时，在一些项目中，也不利于运动能力的提高。因此，“采用定性定量相结合的评价方法，在一定程度上可以适应现实的需要”。在这里，定性与定量的分值比例为1：1或2：1，甚至3：1都是可以的。适当提高定性分值，有利于调动大多数人的积极性，促进他们对技术的“学会”和“掌握”。

3. 体育知识类

大学生属于高知阶层，其总体的认知与理解能力强于其他人群，这是施以体育理论知识教学的有利条件。但是，普通大学生同时面对几十门功课的学习压力，在体育这门实践性很强的课程上，对其理论学习能够投入的时间与精力是十分有限的。诸如“使人人学会开运动处方、人人都成为健身指导者”等教学目标属体育专业教育的范畴，不能奢望普通大学生通过有限课时的学习后就能掌握相应的知识结构和水平。因此，普通高校的体育知识类教学，在内容上应以健身原理与方法、运动卫生与保健、健康生活的常识以及学生所选实践课项目的相关知识为主进行课堂讲解。对其他各方面的知识可让学生通过自学、参加专题讲座、观看体育橱窗以及上网查询等途径获取。在考试的内容上，可以覆盖教材全部内容，甚至可以扩展到近期社会生活中体育方面的热门话题。而在考试的形式上，则以笔试、开卷为宜。

二、体育教学模式

（一）教学模式的内涵

1. 模式的定义

“模式”一词在相当多的学科中使用，但对模式的界定，特别是对教学模式的界定并未统一。在社会学中，模式是研究自然现象和社会现象的理论图式和解释框架，也是一种思想体系；在认识心理学中，模式是信息加工的过程或事物有组织的结构；在普通心理学中，是存储和记忆事物过程的心理图式。现代汉语中，模式指“标准的形式或样式”。在英语中，它与“模型”“模范”是同一个词，都是model。西方学术界通常把模式理解为经验与理论之间的一种知识系统。有学者认为，模式是再现现实的一种理论性的简化的形式，它有三个要点：第一，模式是现实的再现；第二，模式是理论性的形式；第三，模式是简化的形式。

2. 教学模式

（1）教学模式的界定

由于对“模式”的理解不同，也造成了国内外对教学模式概念理解的不一致。在国外较有影响的是美国乔伊斯和威尔在《教学模式》（1972年）一书中所下的定义，他们认为，教学模式是构成课程（长时间的学习课程）、选择教材、在教室指导和其他环境中教学活动的一种计划或范型。

国内关于教学模式的定义，概括起来，大致有下列几种：第一种认为教学模式是在“教学实践中形成的一种设计和组织教学的理论，这种教学理论是以简化的形式表达出来的”，可称其为“理论说”；第二种认为教学模式是在“一定教学思想或理论指导下建立起来的各种类型教学活动的基本结构或框架”，可称其为“结构说”；第三种认为教学模式是“在一定教学思想指导下建立起来的完成所提出教学任务的比较稳固的教学程序及其实施方法的策略体系”，可称其为“程序说”第四种认为“常规的教学方法俗称小方法，教学模式俗称大方法。它不仅是一种教学手段，而且是从教学原理、教学内容、教学目标和任务、教学过程直至教学组织形式的整体、系统的操作样式，这种操作样式是加以理论化的"，可称其为"方法说"[①]。

我们认为应该全面地把握教学模式：第一，模式不是方法，它与讲授、谈话等教学方法显然不属于同一层次；第二，模式不是计划，计划只是它的外在表现，仅此不足以揭示其内含的教学思想或意向；第三，模式也不是理论，至少不仅仅是理论，它还内含着程序、结构、方法、策略等远比纯理论丰富得多的东西。我们可以把教学模式理解为开展教学活动的一整套方法论体系，它实质上是在一定教学思想或教学理论指导下建立起来的、较为稳定的教学活动结构框架和活动程序。它是教学理论具体化，又是教学经验的一种系统的概括。它既可能直接从丰富的教学实践经验中通过理论概括而形成，也可以在一定的理论指导下提出一种假设，经过多次实践后形成。

①夏越．现代高校体育教学研究［M］．北京：北京理工大学出版社，2019．

所以，我们认为教学模式是反映特定教学理论逻辑特征，为实现某种教学任务的相对稳定而具体的教学活动结构。不同的教学模式自觉或不自觉地反映了不同的教学思想、教学的价值观，是教学理论的具体化，也是具体教学经验的概括化，是联系教学理论与教学实践的中介。

（2）构成教学模式的要素

一个完整的教学模式应包含下列五个要素。

一是理论基础。任何教学模式都是建立在一定的教学思想和理论基础上的，所以都有鲜明的主题，并交配着其他构成因素及一系列的目标、内容、程序、方法。

二是教学目标。教学目标指模式所能达到的教学结果，是教育者对某项教学活动在学习者身上将产生什么样的效果所作出的预先估计，任何教学模式总是为了完成特定的教学目标而设计创立的。教学目标在教学模式的构成因素中居于核心地位，对其他因素有制约作用，也是教学评价的标准。

三是操作程序。指教学在时间上展开的逻辑步骤以及每个步骤的主要做法等。任何教学模式都具有一套独特的操作程序和步骤。由于教学过程中，既有教材内容的展开顺序、教学方法交替运用的顺序，又有内在的复杂的心理活动顺序，操作程序只能是基本的和相对稳定的，而不应是僵化和一成不变的。

四是教学策略。指促使教学模式发挥效力的各种条件（教师、学生、教学内容、手段、时间、空间等）的最佳组合和最好的方案。策略是指为教师运用模式而简要提出的原则、方法和技巧，即操作要领。要保证模式的程序在执行时的可靠性，提出的要领必须是清晰、确切的。

五是评价。指评价的方法、标准等。由于各个教学模式在目标、操作程序、策略方法上的不同，因而评价方法和标准也不同。

每种教学模式一般都有适合自己特点的评价方法和标准。如掌握学习教学模式评价因素不同于标准化评价，它的评价标准是目标参照性评价。但现阶段除少数模式已初步形成了一套相应的评价标准方法外，很多模式至今尚未形成自己独特的评价标准和方法。这也是今后教学模式研究中的一个重点和难点。

一般说来，只有具备了上述五个因素，才算构成了严格意义上的教学模式。

（3）教学模式的特点

①稳定性：教学模式是大量教学实践活动的理论概括，它在不同程度上揭示了教学活动的普遍规律，从而形成了稳定性的特点，这也是教学模式具有可操作性的前提。教学模式的稳定性是相对而言的，它并不是固化的，是特定条件下教学系统结构与功能的统一，随着社会发展、变革具有弹性与灵活性。在宏观上，教学模式是特定条件下教学系统结构与功能的统一，具有相对的稳定性；在教学过程的微观上，教学策略、方法的多样性，教师与学生的差异性等因素，又使教学模式在指导教学活动时表现出灵活性。

②完整性：任何一种教学模式都是由上述的指导思想、目标、程度、策略、内容和评价等基本因素组成的，本身都有一套比较完整的结构和操作机制。

③独特性：任何一种教学模式都有其特定的明确主题、目标、程序和策略，有其自身的使用条件和适用范围，表现着自己的鲜明特点。

④可操作性：教学模式总是以简洁明了的形式揭示教学活动的规律性，并建立了一整套操作系统和程序步骤，便于广大教师运用，也便于教师从自己的个性和教学特点出发去创建自身的体系。

（二）体育教学模式的内涵

在当前体育教学研究领域，对体育教学模式的理解是多种多样的。我国关于体育教学模式的研究起步较晚，发展较慢。自1989年一篇题为《当代五种教学论模式与体育教学》论文开始，关于体育教学模式的研究逐步引起国内外体育专家、学者的重视，出现了许多涉及体育教学模式研究的论文，这些研究为体育教学模式的理论与实践探讨做出了较大的贡献，但对体育教学模式的概念则众说纷纭，虽有共同点，但没有取得一致的意见。

最早关于体育教学模式概念论述的是1995年李杰凯的论文《关于体育教学模式一般理论的研究》中：根据教学论中关于教学模式的研究成果，结合体育教学的特点来归纳体育教学模式的科学定义，才能做出正确的结论。体育教学与其他理论学科的教学相比，至少有四个方面的因素是体育教学所独有的：

①从学生学习的特点来说，体育教学是以身体练习为主要手段、在身体活动与思维活动相结合的过程中掌握知识技能的技能习得活动。因此，体育教学模式既要体现动作技能的形成规律，也要体现体育活动中人体生理机能变化的规律，同时还必须遵守人类认识事物的学习规律。

②从教师教的特点来说，体育教师是在较大的空间组织教学工作的，他不但要传授体育知识技能，而且要组织学生通过身体练习来增强体质。

③从教学的环境来说，体育教学是在相对开放的空间进行的双边活动，学生在课堂上有较多的交往机会，许多非智力、体力因素将影响体育教学的效果。

④从体育教学的内容来说，体育运动技能的多样性决定了体育教学必须采用与内容相适应的教学模式，这种相应的教学模式是以不同的教学目的以及不同体育技能的习得规律为依据制定的。

体育教学模式必须很好地反映上述四个特点。所谓体育教学模式，是蕴含特定体育教学思想、针对特定体育教学目标、在特定教学环境下实现其特定功能的有效教学活动结构和框架，是以简化形式表达的体育教学思想理论和教学组织策略，是联结体育理论和体育教学实践的纽带。

方建新、俞小珍在《关于体育教学模式的研究》一文中关于体育教学模式概念的论述：体育教学模式是在一定的体育教学思想指导下，具有一定典型意义而相对稳定的课堂教学结构。它们是人们可遵循的标准样式、标准结构。此体育教学模式的概念关注的是教学模式的共性概念。

毛振明、吴键、马铮在《体育教学模式论》一文中关于体育教学模式概念的论述：体育教学模式是体现某种教学思想的教学程序，它包括相对稳定的教学过程结构和相应的教学方法体系。主要体现在教学单元和教学课的设计和实施上。该定义在其他定义的基础上，进行必要的修正和完善，主要对组成教学过程的要素进行简化，明确指出了体育教学模式的内涵为“教学过程结构和相应的教学方法体系”，省去了次要的因素，如教学条件、教学群体、教材内容等因素，使体育教学模式的概念既能准确表达内涵，又具有简洁化的特点。另外，对教学模式的设计和实施，在关键环节和技巧上进行界定的补充，即框定为："主要体现在教学单元和教学课。"这对体育教学模式的理论界定和实际操作具有重要意义，由此说明了体育教学模式是围绕着课次和单元来展开的，当单元教学结束后，相应的体育教学模式也告一段落。不同单项的单元教学，体育教学模式形成了一定的差异性。因此，以上定义上的这点界定与补充是非常及时的，也是必要的。

吴键在《试论体育教学模式与体育教学艺术》一文中关于体育教学模式概念的论述：关于体育教学模式，学术界有不同的观点。我们认为，体育教学模式是指体育教学理论在一定条件下的转化，它是用于设计课程、选择教材、规定师生活动形式的体育教学基本框架。以结构理论来诠释这一概念，可以这样表达：体育教学模式是由体育教学理论转化而来的，是联结理论与教学实践的中介；体育教学模式涉及整个教学范围，每一种教学模式规定了课程与教材、教学的基本程序、师生的相互作用形式；体育教学模式的创立是经过教学实践检验的，是一定时间、地点、条件下能取得最好效果的教学框架，具有有效性；体育教学模式在教学实验中，经过不断提炼，精心加工，筛去细枝末节，最终成为可以用简明的图、词来描述的基本框架，具有较强的可操作性。总之，体育教学模式从体育教学的规律出发，从科学性的角度规定了体育教学的过程和基本程序。

赵立的《浅论中小学体育主体教学模式》一文中关于体育教学模式概念的论述：对比教学论中对教学模式的定义和我国对体育教学模式的定义可以看出，体育教学模式的定义应关注如下几点：①任何体育教学模式都应有它的"上位概念"，这个概念可能是思想，也可能是规律或原理；②任何体育教学模式都应该是为完成某些教学目标的系统的、相对稳定的、典型的形式；③任何体育教学模式都为教学结构的设计、教学方法的实施提供"指导"；④体育教学模式应是一个"历史"的概念。因此，体育教学模式的定义应该是："体现某种教学思想的或规律和原理的教学单元或教学课的程序，它包括相对稳定的教学群体、独特的教学过程结构和相应的教学方法体系。"

杨楠、杨铁黎在《初论中小学体育教学模式》一文中关于体育教学模式概念的论述：我们认为，体育教学模式是体现某种体育教学思想和规律的相对稳定的教学程序。它包括相对稳定的教学群体、独特的教学过程及相应的教学方法。为实现某教学目标可以有多种教学形式，也应该有多种形式。那么，在体育教学领域，究竟有多少教学模式？根据教学论的基本理论及对专家的调查，我们对当代我国中小学体育课中的教学形式进行了归纳。认为，经过我国体育教师多年的努力探索，为实现某教学目标较好的、较成熟的形式是存在的。近些年来，我国学校不断追求新的体育教学目标，也总结了很多好的经验。经过对我国近些年体育教学课的观察和研究，我们认为，需要建立体育教学课的一些基本模式。这些模式是体育教学课的“标准形式”或可以供他人照样做的样式。

杨铁黎在《体育教学模式与方法的理论与实践》一文中关于体育教学模式概念的论述：体育教学模式是体现某种教学思想或规律的体育教学活动策略和方式。它包括相对稳定的教学群体和教材、相对独立的教学过程和相应的教学方法体系。

李晋裕在《中小学体育教学改革与发展的探讨》一文中关于体育教学模式概念的论述：中小学体育教学模式是在一定教学思想和教学目标指导下，根据对象的身心特点和教学条件以及体育教学过程的特点而设计和实施的课堂教学的模型结构和程序。

樊临虎在人民体育出版社2002年版《体育教学论》中关于体育教学模式概念的论述：体育教学模式是指在一定的教学思想或理论的指导下，设计和组织体育教学在实践中建立起来的各种类型体育教学活动的范型，它以简化的形式稳定地表现出来。

肖焕禹在《体育教学模式的结构、类型及应用条件》一文中关于体育教学模式概念的论述：概念是事物本质属性和特征的反映，当我们对体育教学模式的概念进行界定时，必须揭示体育教学模式的本质特征并进行考察分析。

通过比较研究，体育教学模式与教学模式两者之间就其内涵来讲并无本质差异，体育教学模式是教学模式的学科体现。体育教学模式是体育教学组织活动的一整套方法论体系，是在一定体育教学思想或体育教学理论指导下，为实现特定体育教学目标而设计的、相对稳定的体育教学活动程序，是联结体育教学理论和体育教学实践的纽带和桥梁，主要体现在教学单元和学时教学的设计和实施上。

（三）常用体育教学模式

多年以来，随着体育教学研究的不断发展，在国内外的体育教学实践中已经形成了一些比较成熟的、可行的或具有新意的体育教学模式，以下介绍四种比较成熟的体育教学模式。

1. 技能掌握式

（1）指导思想

经常被称为“传统的体育教学模式”，这种模式主要受苏联传统教学理论的影响。它主要是依据运动技能的形成规律而设计的，是以系统地传授运动技能为主要目的的体育教学过程。

（2）教学过程结构特征

教学的单元设计以某一运动技术教学为主线，以达到目标的难度来判断单元的规模，多采用大中型单元，单元教学内容的排列主要以技术的难度为顺序。教学课的设计以某个技能的学习和练习为主线，注重练习的次数和必要的运动负荷安排，主张精讲多练，注重对运动技能掌握效果的评价，有人也称这种教学过程为“三段制教学”。

2. 快乐体育式

（1）指导思想

快乐体育源于20世纪70年代的日本。它是针对学生的厌学体育的现状，并为实现学校体育教学与终身体育的连接而提出并发展起来的。快乐体育依据游戏理论，主要依据体育活动中体验运动乐趣的规律而设计的。“目标学习”教学模式的主要特点是让学生很好地掌握运动技能和身体锻炼的同时，能够体验到运动和体育学习的乐趣，从而为形成学生终身参加体育实践的志向服务。

（2）教学过程结构特征

可以同时拥有“让学生充分运动体验运动的乐趣”“让学生挑战新的技能体验学习的乐趣”“让学生进行探究体验创新乐趣”这样2～3个体验运动和学习乐趣的教学环节，这些环节互相连接，层层推进，使学生分别体验到运动、学习、挑战、交流和创造的多种体育固有乐趣。“目标学习”教学模式经常采用自主性学习法、探究学习法、比赛法、讨论法、小集团学习法等教学方法。

3. 小群体教学模式

（1）指导思想

小群体教学模式也称小集团教学模式，以提高体育教学质量，发挥学生的学习自主性，适应学生的个体差异，促进学生交往和社会性提高为目的，主要依据体育学习集体发展和发挥教育作用的规律而设计；是在教师的周密设计下，根据班级学生情况和教学需要，将全班学生分成几个异质（或等质）的学习小组，在教学中的某个阶段进行以小组为单位的学习，最后组织小组间的比赛，促进师生之间、同组同学之间、异组同学之间相互切磋与交流，从而提高教学效益的教学过程。

（2）教学过程结构特征

一般在单元的开始，教师都要根据学生的年龄特点、性别特点、素质特点、兴趣爱好特点等，将学生分成若干个学习小组，而且要让各个小组推选组长，形成团队精神，还要求各小组根据教学的目标制定本组的学习目标。在单元的前半部分，教学一般以教师指导性较强的班级学习形式和小组学习形式为主，学习内容全班一致；而在单元的后半部分，教学一般以自主性较强的小组学习形式为主，各组学习的目标和内容是不尽相同的，此时教师主要起指导、参谋和保证安全的作用。单元的前半时以学习活动为主，单元的后半时则以练习和探究活动为主；在单元结束时，一般有小组间比赛、小组内总结、发表感想和全班总结等教学步骤。

4. 发现式

（1）指导思想

类似的有“问题解决式的教学模式”和“探究式学习教学模式”等，该类教学主要遵循在体育教学中学生认知的规律来考虑教学过程。它是指以发展学生创造性思维为目标，以提高学生解决问题的能力，让学生通过自己获取新知识和解决问题的体验，掌握学习和思考方法为主要目的的体育教学过程。

（2）教学过程结构特征

这种教学过程是将运动教材中有关知识和原理进行归纳和整理后，组成“问题串”和“探究课题串”，对每个问题和探究的课题都设有验证、讨论和归纳的方法，然后将几个大的问题分别设计在各节课中。其教学过程一般有问题提出、验证性学习、集体讨论、归纳问题和得出结论等几个主要的学习阶段，而运动的学习和练习则紧密地穿插其中。在教学中除教学法和练习法之外，还比较多地运用提问—回答、设疑—假说、验证—发现、讨论—思考、归纳—总结等教学方法。

第二节　高校体育管理相关内容

一、什么是教学管理

（一）教学管理的特点

1. 整体性

学校教学管理共分为教学计划管理、教学运行管理、教学质量管理与评价、教学基本建设管理、教学管理组织系统、教学管理与教育研究6个方面41个要点。每个方面和每个要点都不是孤立的，而是相互关联、相互影响的，每个要点的变化发展都会对其他的要点产生或重或轻的影响。教学管理效益不是从单个要点做得好与不好中体现出来的，而是各方面协调综合作用的结果，归根结底体现在人才培养的质量上。

2. 动态性

教学管理过程是管理者、教师、学生三者相互交流的过程，人的因素在这个过程中起着至关重要的作用，并且管理又是多功能交织在一起的。在管理中，人、物、信息、时间、空间等都在不断变化，它们的相互关系也是在不断变化的，要根据管理对象和情况的变化及时做出相应的调整，以保证教学管理目标的顺利实现。

3. 学术性

教学管理不是一般的行政管理，而是兼有学术管理和行政管理双重职能的一门科学，是一门需要长期实践才能掌握的学问。教学管理主要是对智力活动的管理，管理的目的是培养人才，管理起来必须以专业知识为中介，按客观规律科学地运作，不能仅凭经验按章办事。教学管理要求管理者必须具备一定的专业知识和达到一定的专业水准，应该懂得教育规律，具有先进的教育管理思想和较强的管理专业意识，具备对教育本身不断了解和感悟的能力，还要有改革创新的精神，能够准确全面地和教师、学生沟通。教学管理既是一种管理，也是一种学术，需要不断地研究。在管理中研究，研究是为了提高管理水平。

4. 导向性

教学管理是一种有目的的管理与教育活动，从某种意义上讲，教学管理就是高校办学思想和育人思想的体现。教学管理的思想、管理内容、管理规章制度、管理行为都对教师的教和学生的学产生直接的导向作用。管理出效益，科学规范的教学管理能促进教学水平和人才培养质量的提高。反之，管理上不去，教学和人才培养必然出现混乱，甚至影响办学效益和办学信誉。

5. 民主性

学校教学管理中，教师和学生不仅是管理对象，而且是管理主体。其特点都是从事学术很强的教学研究和学习，是精神生产，主要靠自己独立思考和钻研，教学目标的实现要靠教师去实施，也要靠学生自主自觉地去学习。所以充分调动教师和学生的积极性，充分地尊重他们，让他们参与教学决策，参与教学管理，随时注意听取他们的意见，有利于集思广益，避免失误，提高教学管理的效益。

6. 服务性

教学工作始终是学校的中心工作，学校的教学既是管理，也是服务，即服务于教学和人才培养工作。教师和学生既是管理对象又是服务的对象，教学管理者所做的一切工作说到底都是为了教师教好和学生学好。从这个意义上讲，教学管理更多的是服务，而且是主动服务。只讲管理不讲服务，很容易挫伤教师教学和学生学习的积极性和主动性。

（二）教学管理的原则

1. 教学管理的指导思想

（1）教学管理必须根据教学的特点和规律开展工作，一切措施必须符合教学规律

我国的教育以培养“四化”建设有用人才为目的。学校教学管理的一切工作和措施都必须坚决贯彻“教育要面向现代化、面向世界、面向未来”的战略思想和国家的教育方针和政策，注意培养学生能坚持四项基本原则，具有改革开放的意识，具有为国家富强和人民富裕而艰苦奋斗的献身精神，具有实事求是、独立思考、勇于创造的科学精神，使他们成为德、智、体全面发展的，有理想、有道德、有文化、有纪律的、合格的社会主义建设人才。作为学校管理工作重要内容的教学管理改革也必须在这个大原则下进行，并按照教学规律办事，一切措施必须符合教学规律。①

①夏越. 现代高校体育教学研究［M］. 北京：北京理工大学出版社，2019.

（2）教学管理必须坚持以教学为中心，导向教学、服务教学

教学是高校的中心工作。学校的办学宗旨或根本任务是培育人才，它最主要、最直接、最基本的目标是通过教学这一途径来实现的。因此，高校教学管理改革应紧紧围绕教学工作展开，以提高教学的质量和效益为目的，以最大限度地满足教学改革的需要为最高原则，凡是教学改革需要的配套管理措施和要求，教学管理改革都应全力从管理的技术上找突破口予以解决。

（3）教学管理必须以保持教学工作的稳定为前提，适应教学发展的要求

教学的稳定是高校生存和发展的基础，一切的教学管理改革工作都应在保持教学稳定的基础上有计划、有步骤地逐步展开。教学管理改革的思路和措施只有在广泛地得到了教师、学生、学校各部门的理解和支持的前提下才有可能顺利进行并最终取得成功。

（4）教学管理的一系列措施必须是衔接有序的高效操作系统

教学系统作为一个培养人才的高效系统，是否能够培养出高素质的社会有用的人才是衡量这一系统效能的重要标准。各种教学和教学管理改革都是为实现这一人才培养过程而做出的努力。学校的教学管理改革是为教学改革服务的，教学管理有序的可操作改革措施可推动教学改革的进程。

（5）教学管理的目标是提高教师教学和学生学习的有效性

从宏观上看，教学管理改革的途径之一就是创建一种环境，包括科学的管理体制和管理机制，也就是说，要建立有效的激励机制、竞争机制，以达到培养高素质专业技术人才的目的。从微观上说，就是要形成一系列科学合理的、具体的管理制度和管理方法，最大限度地为教师和学生的发展创造最优的环境，调动与发挥教与学两方面的积极性。

2. 学校教学管理的原则

教学管理体系对提高学校教育教学质量有不可替代的作用。学校教学管理体系是对教育教学工作进行全方位、全过程以及全员性质量管理的一套操作系统，是保障学校教育教学质量不断提高的有效机制。从管理学的角度来讲，教学过程质量管理体系的建立与运行，对于学校教育教学工作可以起到多方面的、积极的、不可替代的作用：第一，可以及时获得教育教学工作的各个要素、各个环节和工作状态的反馈信息；第二，可以对教育教学工作的各个要素、各个环节和工作状态的质量进行准确客观的评判；第三，可以结合各种评估手段约束和激励教育教学工作中的不同成员；第四，可以使学校的教育教学工作质量持续提高并步入良性循环轨道；第五，可以促使教育教学管理进一步规范化、程序化、科学化。总之，学校教学管理是对学校整个教学活动所进行的质量监督和控制。加强普通高校教学管理必须遵循全面性、全员性、全过程性的原则。

（1）全面性原则

学校教学管理是全面质量管理。教学管理的全面性原则是系统观点和人的全面发展理论在质量管理中的应用与反映。现代教学管理特别强调系统整体观念，教学管理者要站在全局的高度上对影响教学质量的各个要素和环节进行系统管理，既要贯彻党的教育方针，使学生在德、智、体、美诸方面均得到发展，也要坚持系统分析的观点，重视每一门课程、每一个教学环节的质量，重视人才培养的整体教学质量。全面性原则首先要求确立全面素质教育的观念，而不仅仅是学生的认知水平和应试能力。全面的素质教育包括思想道德素质、业务素质、文化素质、身体心理素质。其中思想道德素质是根本，文化素质是基础。要把专业教育和思想道德素质教育、文化素质教育结合起来，开展多种形式的社会实践活动，使学生学会做人、学会求知、学会生活、学会健体、学会审美，实现人的全面发展。

（2）全员性原则

学校教学管理是全员质量管理。教学管理涉及全校各个部门的所有工作人员，包括教师和学生。教学管理就是要调动各个部门、各个单位师生员工的积极性、主动性和创造性，为提高教学质量而努力奋斗。做到“质量第一，人人有责”。加强实践教育培养创新人才是一个全局性的课题，涉及不同学科、不同院系、不同课程。本科、专科教育的目标不同，处在培养的不同阶段，也存在不同层次的要求以及不同的实践教学实施模式，同时有着课内正规教学、课外业余活动等不同的教学途径。加强实践教育，需要教学科研、学生工作、业务保障，包括实践教学的基地、实习实践单位等各系统各部门的共同参与，是各学科各方面的共同责任。在全员范围内，养成重视实践教学质量、重视过程、善于抓住关键、发现问题及时解决质量问题的良好习惯。

教学管理的全员性原则，体现了教学管理“以人为本”的特点，强调对全体人员质量意识的教育与培养。质量管理不仅仅是领导者和管理者的责任，还要求全校的师生员工关心并积极参与，为提高教育质量而努力。

（3）全程性原则

教学管理贯彻整个教学工作的全过程。从招生到学生就业中有关教学工作的每个教学环节都会影响学生的培养质量，要对各个具体的教学环节和可能影响教学质量的各种教学信息、内外部因素进行有效的质量控制，建立质量控制系统。保证教学质量全过程，是指把注重实践教学质量观念贯穿于高校教学的整个过程。实践教育是全面培养人才过程中贯穿始终的、不可缺少的组成部分。例如，实践教育在大学教育中的位置，类似于实践活动在人类认识过程发展中的位置那样重要。它从市场调研、实践教学的方式、内容设置开始，直到毕业及就业全过程。首先通过社会市场调研，了解社会对人才的需求，结合专业的培养目标和专业设置，明确实践教学在本专业整体教学质量体系中的地位和作用，这属于前期工作。学生入学后，从入学教育开始，通过基础教育、专业基础教学和专业教学等环节以及各种形式的实践性教学环节和社会实践环节，进入毕业实习、毕业设计（论文）阶段，直到毕业教育就业指导这一完整的过程中，始终贯彻实践教学的质量观念，各个环节相互作用，提高毕业生的全面素质。

教学管理的全程性原则，注重对工作过程的管理，强调每一环节都必须符合预定的目标，重视预防的积极意义，而非仅重视评价及终结性评价的作用。教学管理是“以人为本”的管理，强调和鼓励师生参加教学管理活动，充分发挥与尊重他们的创造精神，但同时也应使他们树立全局观念。无论是在专业人才培养方案设计，还是专业课程体系的设置过程中，都要从专业人才培养的整体目标出发，优化课程设置，取得良好的整体效果。[①]

①王丽丽，许波，李清瑶. 教育技术在高校体育教学中的实践探索［M］. 长春：吉林人民出版社，2021.

二、体育教学管理概念界定

体育教学管理是学校教学管理的一个重要组成部分，是根据体育教学的规律和特点，对体育教学工作进行计划、组织、控制和监督的过程。体育教学是一项十分复杂的专业性业务活动，涉及诸多因素，如教师、学生、管理人员、教学条件等。要达成体育的教育目标，完成体育的教学任务，就必须正确处理好各因素的关系，充分发挥各因素的积极作用。因此，加强体育教学工作管理是学校体育工作的重要内容。

三、学校体育管理机构

（一）学校体育的宏观管理机构与职能

1. 学校体育的宏观管理机构

我国对各级各类学校体育实行宏观管理的组织机构，主要是由教育部和国家体育总局两大系统构成。此外，全国各行业系统的学校体育工作，也受到其他部委主管本行业系统教育工作的部门、有关社会团体（如工会、共青团、妇联、学联等）和社会体育组织（体总、地方体协、单位体协等）的指导与协助，如图1–1所示。

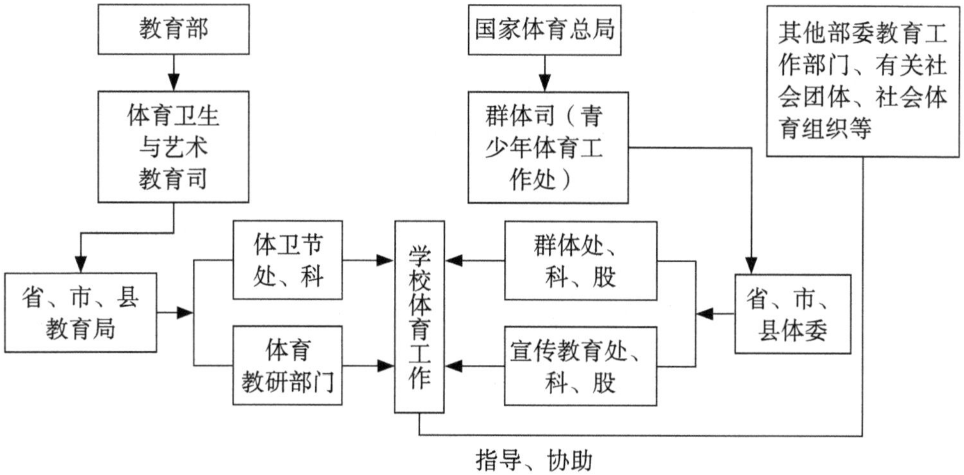

图1–1　学校体育的宏观管理机构设置

2. 学校体育宏观管理机构的主要职能

教育部设置的学校体育卫生与艺术教育司，是教育部对学校体育卫生工作实施领导和管理的职能部门。它的主要职能是根据党中央、国务院的有关方针、政策，拟定学校体育工作的指导思想、工作方针、总体发展规划与目标；制定学校体育工作的政策、制度和法规，并对各级政府和教育、体育行政部门的贯彻执行情况进行检查和监督；对全国各级各类学校的体育工作及其改革进行指导、监督和宏观调控；拟定学校体育课程设置，审定体育与健康课程标准及教材；协助教育部有关职能部门拟定学校体育教师和体育卫生人员的编制、配备和培训计划，学校体育经费计划、体育场地设施标准；组织全国性的学校运动竞赛和组队参加国际性大、中学生运动竞赛；进行国际间的学校体育交往、交流等。

中华人民共和国国家体育总局是国务院主管体育的行政部门，负责统一领导、协调、监督全国的体育事业。体育总局对学校体育工作负责指导和监督。体育总局群体司下设的青少年体育工作处，是具体负责对学校体育工作实施指导和监督的职能机构。

省级以下的各级体育管理机构及其主要职能：省、地、市、县教委（教育局）均设有体卫处、科、股；各级体委也都设有群体处、科、股。它们的主要职能是：在各级教育、体育部门领导下管理本地学校体育，制定本地学校体育管理的有关政策、法规和要求，并给予业务指导和人、财、物等的支持，保证国家对学校体育宏观管理职能的层层落实和形成本地区学校体育特色。

各级体育教研部门的职能：各级体育教研部、中心教研室，教育科学研究院、所（室）和地方体育科研室等，在学校体育管理方面的主要职责是对学校体育教学业务进行研究、指导和管理，完成教育和体育行政部门在学校体育方面的有关业务管理指导和咨询工作。

各师范院（校）、体育院（校）和教师进修学校或教育学院的体育系科，承担体育师资的培养、培训和进修工作。

此外，中国教育学会体育研究会、中国高等教育学会体育研究会、中国体育科学学会、学校体育分会分别负责各学术团体的科研管理与组织工作。

（二）学校体育的微观管理机构与职能

1. 学校体育微观管理机构

学校体育的微观管理主要是指一所学校范围内的体育工作管理。《学校体育工作条例》第二十四条规定：“学校应当由一位副校（院）长主管体育工作。”第二十五条规定：“普通高等学校、中等专业学校和规模较大的普通中学，可以建立相应的体育管理部门，配备专职干部和管理人员。”①同时还对辅导员、班主任、学校卫生部门、总务部门、共青团、少先队等在学校体育工作中承担的责任作了简明的规定。由此可见，学校体育工作应以培养德、智、体全面协调发展的新人为总目标，组成以校（院）长为主要领导的、多层次的组织机构和管理体系。

①夏越. 现代高校体育教学研究［M］. 北京：北京理工大学出版社，2019.

2. 学校体育微观管理机构的职能

（1）校长的主要职能

①根据上级党、政府以及教育行政部门的有关指示和学校总体工作的任务与要求，将体育工作列入学校工作计划。对学校体育工作提出总体要求，审核批准学校体育工作计划，通过校务会议决策有关体育工作的重大问题。要做到学期有布置，期中有检查，期末有总结。

②重视学校体育的宣传工作，并认真贯彻落实第三次全国教育工作会议提出的“学校教育要树立‘健康第一’的指导思想”的精神。教育全校学生积极参加体育活动，上好体育与健康课，增强学生的体质和提高健康水平。

③切实加强体育教研部（室、组）的管理和体育师资队伍的建设，重视体育教师政治、思想、业务等素质的提高，尊重体育教师的艰苦劳动和成果。

④协调理顺校（院）行政部门和各级组织的关系，落实好其在学校体育工作中所承担的责任，要求并督促它们完成对学校体育工作应做的各项行政事务和保障工作，关心体育场地设施的建设，切实保证体育经费。

（2）教研部（室、组）的主要职责

①根据上级教育行政部门的指示和学校工作计划与要求，制订学校体育

工作计划和必要的规章制度，提请校（院）长审批，定期向校（院）长汇报工作，提出合理化建议。

②审批体育教师的教学工作计划和其他各类工作计划，合理安排每位教师的上课时数和其他教学训练工作，定期或不定期地检查执行情况。

③组织学习《体育与健康课程标准》和相关体育教材，以教学内容和教法研究为主，开展教学研究活动，搞好集体备课和观摩教学，开展评教评优活动，提高教学质量。

④组织好全校学生的早操、课间操和课外体育活动，搞好课余体育训练和校内体育竞赛工作，筹备组织参加校外体育竞赛活动。

⑤协同校卫生室（校医室）积极推行《学生体质健康标准》测试工作，建立学生体质健康卡片，积累资料，掌握与研究学生身体变化的信息，向学校提出改进学校体育卫生工作的意义和建议。

⑥协同总务（财务）部门搞好体育场地、设备、器材的建设、维修、购置、使用和保管工作。购置必需的专业图书资料，创造良好的学习环境，提高教师业务水平。

⑦做好体育的宣传教育工作，积极培养体育骨干，活跃校园体育文化生活。

（3）体育教师的主要职责

①认真学习和领会《中共中央 国务院关于深化教育改革全面推进素质教育的决定》《基础教育课程改革纲要（试行）》和《体育与健康课程标准》的精神，更新教育观念，刻苦钻研业务，加强业务学习，不断提高自己的业务水平。

②根据《体育与健康课程标准》，制订切实可行的体育教学计划，认真钻研教材、改进教法，加大力度进行体育教学改革，力争上好每一节体育课，不断提高教学质量。

③切实组织好早操、课间操和班级体育锻炼，搞好运动队课余体育训练和校内外各项竞赛活动，以及其他各种体育活动，使体育课与课外体育活动密切结合，全面实现学校体育目标。

④协助校卫生室（校医室）做好《学生体质健康标准》的测试工作，建立学生体质健康档案，及时了解学生的体质健康状况，采取有效措施，增强学生体质，增进学生的健康。

⑤做好体育宣传工作，积极培养学生体育骨干和积极分子，使其发挥应有的作用。

⑥从本校的实际情况出发，积极从事体育教学、训练、管理等方面的科学研究。

第三节　高校体育教学基本理论

一、体育教学的特点

体育是整个学校教育课程的有机组成部分。体育课程与一般的科学文化知识课程相比具有鲜明的特点。

1. 目标的宽泛性

一般来说，学科体育目标都具有专一性。但是，体育课程不像其他课程只承担着本门课程的教学目标，还要促进学校体育其他方面的目标乃至教育目标的实现。

2. 时空的延伸性

从时间上来看，体育是我国唯一的一门跨越大、中、小三个学段的必修课程（有的大学的研究生院一年级也开设体育课）。从空间上来看，体育课程不仅限于校内，还延伸到校外，如家庭体育活动、社区体育活动和比赛等。

3. 内容的实践性

体育课程是以身体练习为主要手段的实践活动，并在从事活动的过程中，发展学生的体能，促使其学习和掌握体育的知识、技术和技能，具有一定的运动负荷和良好的健身效果。

二、体育教学的任务

（一）传播体育知识

在体育课程教学过程中，体育教师承担着传播体育知识的重任，因此，体育教学具有传播体育知识的重要功能。体育课程教学主要通过改造学生身体的手段来实施教学，从教与学的角度来说，可以将体育知识形容成一种“身体的知识”。这种知识最初伴随着人类的发展而发展，每个人类社会时期都有相应的“身体的知识”的传承。如在原始社会，身体的知识就是人类通过走、跑、跳、投、打等动作捕获猎物或逃避猛兽的追捕等行为。而在现代社会中，体育知识的传承内容变成了某项体育运动（如篮球、体操）的基本知识或某些体育技能。

应该认识到，体育课程教学中对体育知识的传承不是简单的“身体的知识”的模仿，更多的是通过体育教学来向教学对象——学生传承体育文化，即体育教师通过体育教学课程内容向学生展现、传授和体育教学课程内容的相关文化。

（二）传授运动技能

体育课程教学是传授这些运动技术的最好方式。体育教学中所涉及的体育运动技能对于人体的要求不再像过去那样严格，这里的运动技能主要是指如球类、武术、田径和游泳等运动技巧和方法。就我国高校体育课程教学现状来看，体育教师主要以体育教学课程内容为依据对学生传授体育知识与相关技能的双向信息传送的过程。因此，运动技术就成为体育教学的主要内容，也是重要内容。具体来说，教师在体育课中传习的是各项具体运动技术，如足球运动中的传球技术，甚至可以细分到内脚背传球技术。因此，运动技能的训练离不开运动实践。

在体育课程教学中，体育教师是运动技术的掌握者和传播者，在向学生传授运动技术的过程中发挥着十分重要的作用。体育教师对运动技术的传授应从简单的、入门的、基础的入手，由简到繁，循序渐进。运动技术不同于其他学科的学习，它不仅需要学生对运动理论有深刻的了解，还要身体力行地亲身参与技术练习，在无数次的重复中逐渐在脑中和身体上建立起对技术的表象反应，最终到熟悉动作以及可以在下意识的情况下做出正确的动作。

（三）传承体育文化

体育的教育功能对学生的影响可以拓展到一生，实现终身教育。从某种意义上讲，体育教学真正的目的在于教会学生正确的体育运动方法，使其能在未来的生活中对身心产生持续良好的影响。体育教学也可以看作是一种体育文化的传承，体育知识、运动技能的传授都是为体育文化的传承而服务的。从文化的发展角度来看，传承体育文化是一个长期的、系统的过程。要想真正实现体育教学传承体育文化的功能，就必须使学生完成不同阶段的体育教学，学习到较为完整的运动知识、运动文化。具体应从以下几个方面着手。

1. 重视教学的连续性

保证单次体育课内容之间教学的连贯。可以把体育课中传习的各种小的运动技术累加起来，学生学到的是某个运动项目的完整技术，继续累加，就学到了各种运动技能。

2. 保证不同阶段体育课程教学的持续发展

体育教学是由每周2～3的体育课组合而成的一种贯穿全年的教学计划。其中根据不同的教学周期可以分为周教学、学期教学以及学年教学。比学年教学周期更长的就是多年教学。如小学体育教学、初中体育教学、高中体育教学和高校体育教学，因此，应将这几个不同阶段的体育教学有机统一起来，以促进学生对体育文化系统、全面的掌握和传承。

3. 发挥学生的主体性作用

“以人为本”是当前体育教学的重要指导思想，即体育教学要对每一个学生的需求都表示足够的尊重，要充分满足学生的兴趣和动机选择，并实施分层教学。具体要以学生运动技术能力的个体差异为依据进行，鼓励学生坚持学习自己感兴趣的体育课程，不断挖掘学生的体育潜能，并鼓励其充分发挥自己的特长潜能，从而不断实现自身擅长运动项目的更高目标，提高自己的专项运动技能水平，并在此基础上不断突破，从而促进其身心的健康发展，提高其社会交往能力以及社会适应能力。

“以人为本”的教育教学理念的追求使得人类回归自我知识，不仅代表了体育教学的特殊性，也赋予了体育教学知识传承的特殊意义。具体到体育课程教学中，要求教师在体育课程教学的开展和实施中重视学生的主体性作用，因为学生才是体育文化的继承者和传承人，体育课程教学就是要发挥体育文化的传承功能，使体育文化能通过体育课程教学获得长久的传承。这也是现代教育强调以人为本的重要原因所在。

（四）体验运动乐趣

乐趣是体育的特质。一个运动项目从不会到熟练掌握，人们会有一定的成功感和乐趣感。运动中友伴之间的巧妙配合也能产生许多意想不到的乐趣。体验运动乐趣是人们从事身体运动和体育比赛的重要目的，让学生体验运动乐趣是体育教学的目的之一，也是体育教学功能的主要表现之一。在学校体育教学中，教师应根据学生个性、身体素质等的差异，让他们在掌握运动技能和进行身体锻炼的同时，体验运动的乐趣，以使学生喜爱运动并养成参加运动的习惯。

具体来说，通过体育课程教学使学生充分体验到运动的快乐。教学实践中，教师需要做好以下工作。

第一，正确对待和理解运动乐趣问题。体育运动多由体育游戏转变而来，每一个体育运动项目都有其固有的乐趣，这些乐趣来自该运动项目所特有的运动过程和比赛特征。被选入教材的运动项目或是游戏也是如此，只不过有的运动项目乐趣明显，有的不太明显。教师应该结合教材，结合学生实际，结合教学目标，结合教学手段，深刻理解和运用运动乐趣。

第二，在教学中学生不断获得成功的运动体验。体育课程教学往往以身体练习为主要内容，练习过程较为枯燥，很多学生经过自己的刻苦努力，不断练习提高，较好掌握了运动技能，获得了极大的成功感，他们对运动乐趣的体验就会强烈和深刻。因此，学校体育教师应该采用各种教法、手段，让每个学生都有机会获得成功的运动体验，从而提高学生参与运动的积极性与主动性。

第三，开发利于学生体验运动乐趣的教学方法。在体育课程教学中，教师要善于采用多种方法来帮助学生体验运动的乐趣。如采用挑战性练习法、游戏法、让位比赛法、分组总分比赛法等教学方法，通过情节化、游戏化、竞赛化、简化、生活化等多种手法，让学生能够充分地、平等地体验到体育运动中的各种乐趣。

（五）促进学生身心健康发展

1. 促进学生的身体健康发展

体育运动的健身功能是客观存在的，增强人民体质是发展体育运动的本质属性。经过长期的改革与实践，现代高校体育课程在规划设计教学大纲、选择教材内容、安排课时、实施教学组织等方面已逐渐合理化与科学化。当前，实现体育教学的健身功能是我国学校体育教学的根本目标，要实现这一目标，需要教师做好以下几点。

第一，遵循体育教学规律。教师应根据体育教学的规律特点，将各种行之有效的健身内容、方法与手段（健身的、竞技的、娱乐的、保健的等）应用到体育教学中去，有机协调并统一体育教学的教育性、健身性、竞技性和娱乐性等特征，从而提高体育教学质量，促进学生积极参与体育运动，科学地进行体育锻炼，进而实现强身健体的效果。

第二，合理安排运动负荷。教师应注意将运动控制在科学的范围。为保证学生身体的健康，体育教师应酌情掌控运动负荷强度。学生亲身参与体育运动实践在体育教学活动中是必不可少的。既然参与运动实践，就必然会使身体承受一定量的运动负荷。合理的运动负荷对发展学生身体素质有极大的帮助，它对学生的机体或多或少会产生一定的刺激与影响，其影响的程度要视运动项目的内容、学生身体素质、持续运动的时间、运动间隙时间、营养补充等状态而定。只有服从学生身体发展状况的身体活动量，才能取得良好的教学效果。

第三，突出锻炼重点。当前，体育教学课程内容丰富，不同的运动项目对身体的锻炼重点不同，例如，足球运动对人体的耐力、爆发力、速度和灵敏素质有着较高要求；游泳对人体心肺功能和协调能力有较高要求等。在体育课程教学中，教师应结合学生的身体状况有区别地、有针对性地选择合适的体育教学课程，组织学生进行体育锻炼，使学生获得身体的合理发展。这要求体育教师在制订教学计划前就要对学生的普遍体质与运动基础有一个清晰、全面的认识，并遵循体育教学的规律，运用科学的教法合理组织体育教学，以此来有效发挥体育教学的健身功能。

2. 促进学生的心理健康发展

体育课程教学应促进学生的心理健康发展。体育教学促进心理健康的功能主要是通过教师传授来实现的，因为教师的一言一行无时无刻不影响着学生的思想，这些行为都是在潜移默化中进行的，因此，教师必须身体力行、为人师表，为学生做出表率与榜样。

第二章　高校体育教育理念及其发展

第一节　高校体育教育理念概述

一、体育教学要面对学校体育现代化

学校体育改革的最终目标是要培养人，即提高人的素质，实现人的现代化。那么，什么是“现代化”呢？美国著名政治家亨廷顿认为，现代化是一个包含了人类思想和行为各个领域变化的多方面进程，因此现代化是一个在比较中显出特质的概念。那么，学校体育如何发展并实现现代化呢？

伍绍祖同志早在1995年的全国县级体育工作会上就说：“发展是硬道理，改革是必由之路，改革的目的是发展，发展必须依靠改革。”改革与发展的协进过程就是体育的现代化过程。体育改革的总目标和基本措施可以概括为“六化”，即生活化、普遍化（大众化）、社会化、科学化、产业化、法制化。这也是国家体育现代化的目标与标志，学校体育现代化无疑应具备这些特征。

从现代化的程度上分析，学校体育现代化包括三个层面：第一个层面是学校体育在数量规模上的发展及在体育条件、经费、设备、技术手段等方面的先进程度达到或超过现代化的一般特征要求；第二个层面是制度层面的现代化，包括建立适应社会现代化发展的学校体育制度、体制与机制，使体育制度与教育体制、民主政治制度、市场体制以及法制化相契合；第三个层面是在体育价值、体育思想、体育内容以及体育观念等方面实现现代化，这方面的现代化要求学校体育体系能最优化地吸收世界教育改革和体育科学研究的先进成果，革除不适应社会现代化的陈旧落后的体育观念、体育内容和僵硬刻板的体育方法等，为培养体质优良、富有朝气、勇于开拓、富有责任感和创造力的现代化公民做准备。由于学校体育的现代化既是一种目标与标志，又是一种动态性的发展过程，社会的发展和教育的发展会对学校体育的目标与特征产生重大影响。

因此，我们在认识学校体育的现代化内涵与本质时，必须深刻地认识到学校体育现代化的实现，是一种时代精神的体现，是一种体育的情怀、理想和终极追求。学校体育的现代化是社会的现代化，特别是整个社会中人的现代化的一个重要组成部分。我国学校体育现代化要赶超世界先进水平，尤其需要在“硬件”和“软件”上同时实现与时俱进的变革、创新和完善。

我们看到，由于学校体育具有综合性特征，能反映教育发展的多个方面的进程与状况。那么，学校体育的现代化及其历程，不仅能够标志中国学校体育的文明与进步，而且能够综合性地反映中国教育由应试教育向素质教育转轨的历史进程并成为成功的标志。

党的十一届三中全会以来，改革已成为我国社会主义建设的主旋律，学校体育毫不例外地也在寻找自身的发展道路。二十多年来，教育行政部门和学校加强对体育工作的领导，体育师资队伍得到了新的加强，场地设施有了一定的改善，体育教育改革取得了新的成果，学校体育科研也引起了人们的重视。但是已有的成绩与现实的需要，与“全民健身计划”的要求仍相去甚远，学校体育到底如何走？我们认为就是要真实地按学校体育规律办事。

规律的背后是矛盾的运动，而矛盾有主次之分，必须首先把握主要矛盾及矛盾的关键因素。在学校体育中就是要以学生身体健康发展为中心，遵循学校体育基本规律，加大教学研究和改革的力度，为全面实现学校体育目标而改革。

（一）注重内部潜力的挖掘

以“健康第一”为指导思想的学校体育系统，包括教师、学生、教学条件、教材和教学方法手段等要素，内部潜力挖掘就是在这几方面的深入改革与发展。

1. 提高教师质量

我国体育教师队伍的现状，概括地讲，依然是“数量不足、质量不高、队伍不稳”，尤以提高质量最为迫切。由于体育教师也是从学校中培养出来的，提高质量首先必须抓好师资来源的建设，彻底纠正重专项技术技能、轻科学基础理论和人文素质的倾向，保证师资培养首先走上按学校体育规律办事的道路。

对教师个体而言，提高质量关键在于自身。“师范”即是“学高为师，德高为范”。教师没有坚定的事业心和良好的职业道德则谈不上以“育人”为己任，热爱祖国、艰苦创业、乐于奉献这些精神和品质应当是每一位教师首要倡导的。至于体育教师要有本专业全面而精深的知识以及相关专业广博的知识就更不用说了。无知则不足以为用，“以其昏昏，使人昭昭”，肯定是不可能的，这种教师肯定适应不了教学改革中用人的原则与要求。此外，提高教师质量还应包括非体育教师的体育素质。学校体育是巨大的系统工程，是由学校教师集体把握的，不认识到这一点就难以提高学校体育整体效益。

2. 培养学生体育意识和能力

我们虽不可以说体育意识和能力是完全后天的，但青少年的生活常常决定了他们终生生活的雏形。如果注重从小培养、从学校中培养，至少能够使得他们的潜在体育意识和能力得到较早的体现和更高一级水平的发挥，这就更不用说“为革命而锻炼”“锻炼身体，保卫祖国”“锻炼身体，建设祖国”“为祖国健康工作五十年”等更高层次的体育意识以及为之而奋斗所表现出来的能力了。今天我们在学校中就注重给予每一个学生以未来高速发展和高度发达的社会对人类健康极高要求的预先刺激，促使学生早日确立长远、稳定、协调的健康目标定向和社会目标定向，肯定会有助于极大地调动其内在的动力，并最快、最久、最有效地外化为行动。这不仅是未来社会人人都需要的作风和习惯，也是全民健康风尚形成的起点和标志。忽视这一点，我们很难讲提高了体育的效益，至少是提高社会效益不全面。

3. 加强体育教材建设

教材是一门学科的知识体系。由于学校体育不是一门完全独立的学科，而是由诸如教育学、生理学、心理学、力学、医学、社会学等学科综合而成的体系，加之学生个体内在构建的知识体系千差万别，发展的起点和指向各有差异，因此，我们体育教学只能大体上抓住一个“纲”，即课程标准，至于“目”（教师用书和学生读本）还得由具体的体育教育工作者去补充与订正。新的课程标准的实验在这一点上则对教师的主动性和创造性提出了更高要求。由此，我们讲加强体育教材的建设绝不只是教材编委们的工作，我们的体育教材建设也不仅仅是修编教科书或学生读本，而是要让每一个体育教育工作者参与进来，随时随地推出达成学校体育目标的新内容。

4. 改进教学方法和手段

我们的教者与学者不仅静态的基点和目标指向不同，而且是在绝对变化的。不仅是他们的能力与水准有动态的差异，他们接受知识与技术的方式也时刻发生着改变。在当今教学方法不断更新、教学手段日益现代化之际，教学方式方法的僵化与老化必然减弱学生对新知识刺激的感受能力。在这一领域我们绝对提倡百花齐放，用邓小平同志的话说就是不管黑猫、白猫，抓住耗子就是好猫。

当然，内部潜力的挖掘还包括人、财、物的高效运用与配置，这些都是需要解决的重要方面。

（二）加强内外环节的协同

协同理论的互补原理告诉我们，一些成对的相互排斥的事物，在不同的时空条件下，具有相互补充的特定意义。如果我们在矛盾或对立的事物中给予一定中介条件（如体育与竞技中），必将促进各方的协同发展。学校体育符合并具备运用这一原理的条件。我们可以从以下几方面进行努力。

1. 学校体育与运动竞技、社会体育互补

学校体育与社会体育、运动竞技首先可以在项目上进行沟通。虽然学校体育的手段可以是多种形式，但最普遍的还是在生活中形成与发展起来的运动项目。不过我们是要舍弃过分追求高超完善的运动技术，而代之以适于大众化的规则与生动活泼的形式，确保学校体育的主动性、群众性、教育性和适应性。其次是实现三个领域的普及与提高的沟通。面对我国学校体育薄弱、运动竞技方面已有一定的训练机制的实际情况，首先要切实加强学校体育，按体育规律实行普及与提高相结合，提高广大学生的身体素质、体育文化与运动技术水平。如此大面积的长期耕耘，必然会孕育出良好的运动员苗子和后备力量。同时，设置和利用校外性质的大众运动训练机构，作为高级运动竞技体系的普及基石，形成网络。学校系统涌现出来的运动员苗子和后备人才，源源不断地输入这个网络，按高级运动竞技的需要培养人才。这样，多方共同发展，相得益彰。

2. 体育与卫生互补

维护和增进学生身心健康也是卫生工作的最高准则。学校体育的发展还必须以卫生为前提条件。特别是学校体育面对的绝大部分是青少年儿童，体育卫生的贯彻执行直接关系到他们的健康基础，关系到他们今后的生活卫生习惯以及他们走入社会后在身体基本条件方面的竞争实力。但是我们通常做的只是一些准备活动、整理活动、自我保护和监督（还不一定十分科学），离卫生要求

甚有差距。如由于经费不足带来的医药卫生器具的低质与残缺，由于体育卫生管理人员的低素质带来的体育卫生教育与服务的低质量、低效益，由于长期落后思想禁锢和落后生活习惯带来的卫生淡漠观念与态度，由于体育场地器材简陋带来的潜在危险等还大量存在着。因此，学校体育与卫生互补不仅要扩大经济投入、改善卫生硬环境，还要在提高人员素质、变革传统卫生观念和习惯上做大量的工作。

3. 知识的内在协同

体育从来就不是单纯操作性的东西，体育也不是现成的教科书中那些知识所完全概括得了的，它融汇在整个大教育背景中。因此，针对学校体育中的不同对象，根据不同时空条件灵活运用知识是非常重要的。各门类相关知识的灵活运用，能使体育的参与者不仅感受到体育活动（或活动项目等）中的直接趣味，而且能够体会到体育最深层的文化内涵。在知识的运用与发展中逐步形成生活习惯，并由此获得全面发展，不正是我们“健康第一”的学校教育指导思想所期望的吗？当然，知识的内外在协同（互补）最好是从体育教师自身做起。

二、体育教学要体现素质教育

当今世界，科学技术突飞猛进，知识经济已初见端倪，国力竞争日趋激烈。教育在综合国力的形成中处于基础地位，国力的强弱越来越取决于劳动者的素质，取决于各类人才的质量和数量，这对于培养和造就我国21世纪的一代新人提出了更加迫切的要求。

素质教育的提出标志着我国新时期对教育理解的不断深入，是我国各级各类教育行动与改革的方向，它要求我们教育工作者重新审视自己的已有理念和行动。

素质教育要求我们重视学生全面素质的和谐发展，重视学生身心素质的健康发展，以促进学生生活质量的提高、社会的可持续发展和全面进步。现在公认的素质教育的三个基本特征是全体性、全面性和自主性。也就是说，这三个特征在体育教学中体现得越强，我们的体育教育也就越接近素质教育的要求，体育教育为素质教育所做的贡献也就越大。因此，当前一段时期内的体育教学改革，理应以这三个基本特征的强化作为方向和具体实施的结合点。

（一）教育的“全体性”与体育教学改革

没有教育的“全体性”就谈不上素质教育。因此，体育教学改革的第一个目标就是“使体育教学属于全体学生”。应该说，在城市的大部分学校都坚持正常的体育教学，也基本上使除了一少部分身体残疾的学生外，其余学生都能够在“时间”和“空间”得到基本平等的教育。换句话说，我们在体育教学的“形”的方面，已具有“全体性”。当前主要的问题是在“神”的方面能否具有全体性的问题。这里的“神”的全体性包括：

①使不同身体素质的学生都能得到同样的学习与锻炼，而不是一些学生学的、练的很多，而另一些学生学的、练的很少；

②正视学生的个体差异，承认并尽可能使每个学生都有自己的学习目标，使每个学生都能在体育教学中努力地完成自己的学习目标；

③使每个学生都能在体育教学中获得成功的乐趣，不能因为我们教学的规律性和强制性使一部分学生获得成功与乐趣，而使另一部分学生只能面对失败的苦涩；

④在评价方面，使每个学生都能得到最切合实际的评价，让每个学生都能从教学评价中得到新的学习目标和新的学习动机。

要实现上述的“全体性”，应做好以下工作：

①研究统一练习与自主练习相结合的教学模式，探讨按体能分组进行锻炼的教学方法，进行以个人或小组形式组织的运动处方式教学的尝试；

②进行“小组练习法”和各种范围的“选择性教学”的尝试和实验，需要对“学习卡片”和“单元内过程式评价”等教学方法与手段进行开发；

③我们应多研究各种能使学生都体验到乐趣的教法，应靠修改比赛规则、改变场地器材等“教材化”手段，使教学中学不好的那一部分学生也能体验到学习的乐趣。在这方面我们已经有了“反50米跑”“四门足球”“五分制篮球”“目标跳远”等行之有效的方法，应尽快在此基础上形成新的方法论；

④我们应考虑改100分制的终结评价为5分制等级评价，同时加强过程评价在终结评价中的比例，探讨进行过程评价的方法，加强对学生自我评价和小组内评价方法与程序的研究。

（二）教育的“全面性”与体育教学改革

体育教学中的“全面性”是使学生在体育教学中得到应该得到的全面发展。在以往的体育教学中，学生获得更多的是“技能”和“体力”，明显缺少的是对原理的理解和情感上获得的“成功感”。也就是说，在“懂、会、乐”这三个体育效应中，“懂”和“乐”是薄弱环节（当然在“会”上也有问题）。因此，我们要使体育教学更加具有“全面性”，就必须在“懂”和“乐”上加大努力。

“懂”的问题关键是让学生“想”，让学生脑筋动起来，边想边练，练好了，也就明白了。掌握了原理可以使学生在以后的体育实践中“举一反三”，这才能体现教材的范例性。而让学生真正地去想，就必须有好的设问，设真正是“悬念”的问题和与技术有内在关系的关键性问题。这就要求我们对教材有更深刻的理解，在这方面进行“理性的教材化”，同时辅以探究式、发现式和问题式的教学模式的开发。

“乐”的问题牵扯的因素较多：①教材的选择。教材中的确有相对枯燥和相对有趣味的内容，那么怎样把既有教育意义又有趣味性的教材进行强化是我们今后课程安排需要认真考虑的问题。②教材意义理解的问题，有时只从健身、学技术出发会大大淡化教材中固有的竞争和合作等有趣味的因素。例如，只学篮球的理论技术，而不让学生打篮球。应该是技术教学和情感体验都不偏废。再就是教法的问题，也是教师的问题。本来可以让学生先玩后练，但却光练不玩；本来可以让学生选择一下，却非要强制；本来可以把场地、器材改变一下，但却墨守成规；本来可以鼓励的，却非要责备，这些都会影响学生对体育学习产生兴趣，最终降低了体育教学质量，也导致学生本来可以在体育教学得到陶冶的那些东西没有得到。

（三）教育“主动性”和体育教学改革

提倡教育“主动性”，一是要通过唤起学生学习的积极性，最大限度地提高教学质量；二是让学生在主动的学习过程中掌握学习的方法，从而“学会学习”。以往的体育教学在追求健身和学技术的思想指导下，容易把教学质量与“运动负荷”和“技评”联系得很紧密，也常常出现为追求表面上的“效率”“运动负荷”“练习密度”等，牺牲学生学习主动性的现象。学生的“主动性”源于学生对学习的“可选择性”。这里的“可选择性”一是指对外面的东西的选择，如学习内容、学习进度、学习方法、学习伙伴、学习目标、学习参考资料、场地器材等；二是指内部的选择，即对头脑中的东西的选择，如问题的答案、价值的判断、评价的标准、思考的方式方法等。如果我们抹杀和否认这些选择性，做任何事时只给学生一个答案，只练一个内容，只是一种方法，都是一个难度和进度，对问题不让学生想，都是教师说得对，那么学生是不会产生主动性的，学生最终也不能学会学习，还会感到体育教学内容的贫乏和生硬，从而产生体育厌学现象。

对此，首先我们在教学中也应“抓大放小”，一些基本的东西可以由教师把握住，一些“小”的环节可以放开让学生去尝试、去做。如准备活动就不一定非得由教师统一安排，可由学生去准备，去带做，放松活动、游戏活动也是如此。其次，在有条件的情况下允许安排各种进度的学习，可以让学生选择不同的难度，如栏间距的长短、跳箱的高度和方向、投篮的方法、不同的排球网的高度、不同人数的足球比赛、不同的双人跑法等，从而使学生学会判断，学会选择，并习惯于进行这种选择，这样学生就会形成学习主动性。最后，要启发学生多想，不要一开始就告诉答案，要让学生在多种选择中，在“有价值的弯路中”去迷惑，去领悟，从而帮助他们真正形成锻炼身体和娱乐的能力。

总之，素质教育是一项紧迫的工程，要求每个教育的有机部分都去完成各自应完成的任务来共同实现。当我们明确了素质教育的基本特征之后，我们才能准确找到实现和体现这些特征的具体的教改方略和方法。

三、体育教学要强调“健康第一”

早在1999年，《中共中央 国务院关于深化教育改革全面推进素质教育的决定》中就已明确提出：“健康体魄是青少年为祖国和人民服务的基本前提”“学校教育要贯彻‘健康第一’的指导思想，切实加强学校的体育工作……”《体育与健康课程标准》也始终将“健康第一”指导思想作为课程的基本理念。由此可见，我国学生的健康问题已摆上学校教育和学校体育的重要位置。

何谓健康？从古至今，人们对其有不同的解释。以往，由于受传统观念和世俗文化的影响，往往将健康单纯理解为“无病、无残、无伤”。早在古希腊时代，医生就相信健康是身体的完全平衡。《辞海》中将健康定义为“人体各器官系统发育良好，功能正常，体质健壮，精力充沛，并且具有劳动技能的状态；通常用人体测量、体格检查和各种生理指标来测量。”在美国也有类似的叙述，健康专家贝克尔认为，健康是“一个有机体或有机体的部分处于安宁状态，它的特征是机体有正常的功能，以及没有疾病”。

然而，随着社会的发展和科学技术的进步，人们完全突破了原先的思维模式，对健康的概念有了新的认识。世界卫生组织对健康提出了一个明确和全面的定义：健康是指在身体、心理和社会各方面都完美的状态，而不仅仅是没有疾病和虚弱。从而使对健康的评价不仅基于医学、生物学的范畴，也扩大到心理和社会学的领域。由此可见，一个人只有在身体和心理上保持健康的状态，并具有良好的社会适应能力，才算得上真正的健康。

上述三方面的有机结合，可构成人的生命质量。在人的生命这个三维立方体中，身体、心理和社会三种属性的面积越大，在自然和社会中所占的位置就越高，与社会的接触面也越大，显示出该个体的生命质量也越高。反之，如果这三种属性的面积过小，则个体与社会的接触面也越小，生命质量就越低。许多健康者的经验告诉我们，生命体的质量越高，则健康长寿的可能性就越大；相反，个体如果心理压抑和自我封闭，则极易产生疾病，缩短寿命。这也说明，一个人只有从生物、心理和社会三方面着手，才能有效地保证其健康幸福地生活，并提高生命的质量。

美国学者奥林斯提出了一种三维健康模式，强调从生物、心理和社会三个方面来评价人的生命状态，每个方面均包含着健康和疾病两极，由此得出关于人的健康状况的三维表象。美利坚大学的国家健康中心提出了一个与健康三维观相似的健康定义，即个体只有身体、情绪、智力、精神和社交五个方面都健康（也称健康五要素），才称得上真正的健康，或称为完美状态。目前，也常用“完美”一词来替代健康。

第一，身体健康。身体健康不仅指无病，还包括体能，后者是一种满足生活需要和有足够的能量完成各种活动任务的能力。具备这种能力，就可以预防疾病，提高生活质量。

第二，情绪健康。情绪关乎我们对自己的感受和对他人的感受。情绪健康的主要标志是情绪的稳定性，所谓情绪稳定性，是指个体面对日常生活中人际关系和环境压力的能力。当然，生活中偶尔情绪高涨或情绪低落均属正常，关键是在生活的大部分时间里要保持情绪稳定。

第三，智力健康。智力健康指在长期的学习和生活中，大脑始终保持活跃状态。有许多方法可以使大脑活跃敏捷，如听课、与朋友讨论问题和阅读报刊书籍等。努力学习和勤于思考还能使人有一种成就感和满足感。

第四，精神健康。精神健康对于不同宗教、文化和国籍的人意味着不同的内容，主要包括理解生活基本目的能力，以及关心和尊重所有生命体的能力。

第五，社交健康。社交健康指形成与保持和谐人际关系的能力，此能力将使你在交往中有自信感和安全感，与人友好相处，也会使你少生烦恼，心情舒畅。健康的五个要素相互联系、相互影响，例如，身体不健康会导致情绪不健康；缺乏精神上的健康会引起身体、情绪和智力的不健康等。在人的生命长河的不同时期，健康的某一要素可能会比其他要素起更重要的作用，但长久地忽视某一要素就可能存在健康的潜在危险。只有每一健康要素平衡地发展，人才称得上处于完美状态，才能真正健康和幸福地生活，并享受美好人生。

众所周知，体育活动对增进学生的身体健康有积极的作用，但许多体育教师并不十分清楚体育活动对改善学生心理健康和社会适应能力的作用。实际上，体育活动既是一种身体活动，也是一种心理活动和社会活动，因此，体育活动既能促进学生的身体健康，也能改善学生的心理健康和社会适应能力。虽然，以往的体育教学也谈通过体育教学增强学生的意志品质，培养学生的合作精神，但只是谈谈而已，只是一种口号，并没有在体育教学中得到具体的落实。

总之，体育活动的价值应是多方面的，以往我们只是将体育课程的价值定位在增强学生的体质方面，使体育课程的价值未得到充分的体现。未来的体育课程将更加关注课程在健康、实用性、可持续性和个体需求等方面的价值体现，使体育课程在促进学生坚持参与体育活动，养成锻炼身体的习惯，以及在身心健康的发展等方面发挥重大的作用。

四、体育教学要统一于课程改革

目前，我国正进行着前所未有的基础教育课程改革，体育课程改革是整个基础教育课程改革的一个重要组成部分。体育课程的改革既要考虑国家对人才培养的总体要求，又要结合体育课程本身的特点，只有这样，才能发挥体育课程重要的、不可替代的功能。要使我国未来的体育课程更好地为培养社会主义现代化建设的高素质、健康型人才做出更大的贡献，确立体育课程改革的基本理念应是首先关注的问题。

当今，无论哪个国家，学校教育课程中都不可能缺少体育课程，这是因为体育课程在培养适应社会发展的人方面具有其他课程的不可替代性。如果我们追溯一些国家体育课程的发展历程，就会发现在不同的历史发展时期，学校体育课程的目的和任务也不一样，如日本和德国在“一战”“二战”时期，都曾将学校体育改变成军国主义的体育，体育是为战争服务的。但是，两国在战后的经济发展时期，随着物质生活水平的不断提高，人们对健康的需求也大大增加，这对学校体育教学的改革产生了巨大的影响。日本在“二战”结束以后，不仅因为成为战败国而被迫接受美国的教育观念和教育体制，更为主要的是，由于连年战争，人们的健康水平大为下降。要改变这种状况，促进下一代的健康成长，学校体育理所当然地担负起了重要的责任。因此，几十年来，日本历经五次大规模的改革运动，改变了过去军国主义的体育教育方式，积极推行快乐体育，并注重国粹体育内容的教育，从而使体育课程为改善整个国民体质和健康发挥了重要作用。在美国这样一个超级竞技运动大国中，体育已经成为大多数人生活中不可缺少的内容之一，可是为了进一步提高生活质量，美国提出了体适能的新观点，并且学校体育课程的目标也是直指学生的健康问题。

随着我国经济的高速增长和科技的迅猛发展，人们的生活水平逐年提高，人们对健康的需求也在不断提高。此外，全民健身活动蓬勃开展，休闲娱乐方兴未艾，医疗保健改革成功迈进，社会保险日趋完善，种种举措都说明了健康问题已引起社会的极大关注，身体健康日益成为人们的第一需要。作为学校教育的一个重要组成部分，体育课程担负着增进学生健康的重任。我们几十年的体育教学的确走过一条曲折的道路，我们确实也在不断地改革体育教学，但我们没有从根本上改变“学生健康状况堪忧”这样一个严重的问题。根据三维健康观，今后我国各级学校体育课程是一门以身体练习为主要手段，以增进学生的健康为主要目标的一门必修课程。它关注的并不仅仅是通过体育教学增强学生的体质，而且要通过体育教学改善学生的心理健康和社会适应能力。

从增进学生的健康这一目标出发，今后我国各级学校体育课程不能只关注学生基本运动技能的学习和掌握，更要重视让学生懂得如何通过科学锻炼身体的方法去增进身体、心理和社会适应等方面的健康。

从课程的概念出发，今后我国各级学校的体育课程不仅仅关注学生课堂中的行为和表现，更要重视学生在课外坚持锻炼身体的行为习惯的养成。因为只靠体育课堂教学是改善不了学生健康状况的。

总之，我们只有转变观念，确确实实为学生的健康考虑，才能获得成功的体育教学改革成果，达成教与学的真正统一。

第二节　高校体育教育理念改革创新

一、 终身教学理念

近年来，随着高校体育教学理论的开展和变革的实施，从终身体育教育的角度来深思高校体育教学已成为高校体育教学的研究领域之一。虽然高校体育教学在终身体育教育理念方面已获得了长足进步，但现阶段高校体育教学中依然存在诸多问题。应以终身体育教学的理念为出发点，对高校体育教学进行分析和思考，进一步推进高校体育教学终身体育教育理念功能的发挥。本节以终身体育教育的理念为出发点，针对目前高校体育教学工作进行审视与反思。

（一）终身体育理念的内涵

在体育范畴，终身体育的含义是人一生进行的体育锻炼及所受各种体育教育和培育的总和。随着终身教育思想的提出，高校教育必将成为终身教育的一方面，并为其奠定良好的基础。而作为高校教育组成之一的高校体育同样也为终身体育奠定基础，并向终身化方向发展。终身体育的内容有两个方面：一是人终身都要不时学习和参加体育锻炼与健身活动，增强体质，提高健康水平，使终身体育锻炼有清晰的目的，并真正使体育成为人生中不可或缺的重要内容；二是在终身体育健身强体思想的指导下，以体育的系统化、整体化、科学化为手段，为人生的不同时期、不同生活范畴提供参与体育锻炼机会的实践过程。

（二）终身体育理念高校体育教学现存的问题

以终身体育教育理念为出发点，审视高校体育教学的现状发现：现阶段，教学目标的设定、教学内容的组织安排、教学过程的实施、教学评价的开展等环节在高校体育教学中存在疑问。以下就从终身教育的视点出发，分别针对高校体育教育教学以上几个环节现存的问题进行剖析。

1. 对终身体育理念认识的薄弱

经调查，球类项目和竞技类项目是高校体育教学的主要内容。学期结束前学生为了在考核中达标会进行突击练习，有些考核的内容不合时宜、掌握难度大且对质量有相应的要求。而高校学生大多来自不同地区，身体素质也各有差异，想要通过教学方式来提高学生的身体素质、运动热情仍然存在较多问题。另外，由于体育教学内容的单一以及评价不合理、不科学，身体素质薄弱的学生对于体育课、体育考核产生畏惧感甚至是厌烦感，体育课对于他们而言成了一种心理负担。在这种状态下，自然难以培养学生的锻炼兴趣，培养终身体育的意识更是无从谈起。

2. 教学内容安排层面的问题

高校在安排体育教学内容时应展开充分的调研工作，通过调研的现状来制定适宜的教学内容，这对于内容的教学、学生的掌握与运用可起到不容忽视的作用。问题包括但不限于：①过于追求成绩、急于求成，强调运动项目的理论和技术的传授；②教学内容单一、教学类别较少，有些高校体育教学仅以球类为主，田径、武术、游泳、舞蹈、健美操等教学课程设置有限；③教师对于终身体育教育理念的宣传不够，导致学生认为体育课的目的就是应付考试，对体育锻炼的兴趣不大，很难培养体育锻炼的良好习惯，终身体育的意识培养更是存在较大难度。

3. 课外体育活动方面的问题

高校课外体育活动是高校体育工作的重要组成部分，是体育课教学的延续和补充，对于丰富大学生的业余生活，培养良好的锻炼习惯，发展学生的个性特征以及满足学生对体育活动的需求有重要意义。然而，经调查发现，高校在体育教学课时的安排上，一般一周有一次或两次体育课，而在这有限的时间里掌握规定的教学内容，最终要通过考核达标，无形中给学生带来了较大压力，容易让学生产生消极的情绪。把课外活动与体育课有效地结合起来，两者相辅相成，必将对终身体育习惯的养成有巨大帮助。

（三）终身体育理念下高校体育教学实践的策略

高校体育教学是学校体育与社会体育之间的重要桥梁，因此对于培养学生终身体育的理念而言高校体育教学显得至关重要。作为体育教师更应该清楚其职责，在新时代高校体育教学不断改革的路途中，拓宽思路，把握当前社会体育的发展方向，引导学生形成良好的锻炼习惯，培养其终身体育理念，使其终身受益。

1. 转变体育教育观念，加强终身体育教育理念

高校体育教学中应遵循“健康至上”的理念，提高学生的体质，强健其体魄，以适应社会的需求。因此教师要转变观念，从不同的角度分别解释终身体育的内涵，引导学生树立相应的意识，从而为养成良好的体育锻炼习惯做好铺垫。高校体育教学应改变重视考核测试、忽视长远体育锻炼的教学模式，重点培养学生的能力，时刻关注学生生理和心理问题。立足学生的长远发展，不断

挖掘学生的潜能，激发其主动性，将培养学生体育锻炼的兴趣放在首位，从而为学生实现终身体育打下坚实的基础。

2. 对体育教学内容进行改革，实现学生自主选课

球类和竞技类项目的教学是传统体育的主要教学内容，对于调动学生参与体育锻炼的积极性而言这些内容存在较大问题，如内容、形式毫无新鲜感等。基于终身体育教育理念，教学内容的改革应为高校体育教学的首选，开设一些对于学生而言较容易掌握的、对于技术水平要求不高的、娱乐性强的课程，改变传统的主要以球类和竞技类为主的教学模式，并且能从中感受乐趣，从而提高学生的积极性与参与意识。随着信息的发展，学生能通过各种渠道自主选课，这样教师便可依据学生的身体素质、性别和爱好等不同来引导学生合理选课，这种选课机制不仅能增强学生体育锻炼的积极性，对终身体育理念的形成也有重大意义。

3. 重视课余体育锻炼的开展

高校体育教育的过程可以说是使学生养成习惯并使其终身受益的过程。这一习惯的养成仅仅依赖每周固定的两节“强制性”的体育课难以实现。如果说高校体育课带有“强制性”的特性，那么课外体育则是学生发挥特长的通道。课时的控制是高校体育课的特点，学生锻炼习惯的培养仅仅在体育课上是远远达不到的。因此，需加以重视课余体育的开展，争取做到课内课外相结合。与此同时，转变体育教学的观念也是高校教师的一项重要任务，把课堂教学延伸到课外，使学生课外体育生活丰富多彩。另外，对于高校体育社团和体育俱乐部的建立、展开要给予充分的重视以及鼓励，使学生主动积极地参加课余体育生活。在参加课余体育锻炼的同时，学生之间也能认识较多的朋友，这对于提高其参与体育运动的积极性，养成较好的运动习惯具有较大意义。

二、体育生活方式下的高校体育教育理念重构

21世纪的体育是一种“文化生活方式”，即体育生活方式。体育作为一种社会现象，既是一种文化的继承和发展，也是健康生活方式的重要内容。体育与现代社会的广阔背景交织在一起，涉及不同领域的各种因素，具有丰富的内涵和多层次的意义。当我们从社会学的角度去审视社会结构变迁这一宏观背景下的生活方式的变化，体育成为人们生活当中的重要内容时，就必须考察高

校体育教育的发展。因为，高校体育教育作为一个国家学校体育教育的最高层次，它的现状和发展趋势在很大程度上体现了大众体育的实力和发展水平。本书运用社会学的基本理论，从体育与社会的互动关系出发，以高校体育教育对大众体育发展的引导功能来研究高校体育教育理念重构的必要性，借鉴国外高校体育教育的先进理念与方法，探讨我国高校体育教育理念的重构与策略。

（一）体育与社会

社会学独有的学科视角决定了它会站在更高的层次上，从更为宽广的社会背景上对体育与社会的关系进行探究。体育本来就是一种社会现象和社会活动，任何体育活动都是在人们生活的文化场域中展开的。在社会学的学科视野中，体育与其他社会现象一样，随着社会结构变迁而被赋予新的内涵。在国外，一百年前，当体育只局限在有草皮的后院或农场做一些游戏时，人们难以想象它在20、21世纪所受到的重视。在当今的美国，甚至连哥伦比亚广播公司的晚间新闻也会被网球决赛或橄榄球大赛所取代，这就明显地体现出体育在社会中的重要性。20世纪80年代末的一次调查显示，成年人中，足有81%的人热衷于观看体育比赛；而周末的“体育寡妇”现象（妇女被观看周末体育比赛的丈夫所“遗弃”）已进入了它的第三代。在国内，20世纪80年代以来，在社会结构变迁的大背景下，人们的社会生活方式发生了急剧变化。[①]21世纪，中国社会生活方式将以合理、自由和丰富为原则，以文明、健康、科学为主要特征。社会赋予中国人以更多的时间资源和物质消费资源，人们可以自由地安排日益丰富多彩的生活。

用社会学的术语可将体育定义为：依据一定规则进行的身体的比赛活动。像所有的社会设置一样，体育也有多种功能，概括起来有以下几个方面。体育的首要功能就是为社会上各种各样的人群提供了多种多样的闲暇活动。虽然，倘若说现代社会是一个闲暇社会有夸大之嫌，但是多数人的非工作时间确实在大量增加。不仅如此，由于现代社会中大量的职业只有很少的或根本没有身体活动，体育娱乐活动也就变得很有必要了。体育的第二项社会功能就是为释放社会能量提供了渠道，这种能量如不予以分散，会严重威胁社会秩序。无论对于球迷还是参与者，体育可以让他们宣泄情绪（如愤怒、失望、爱国热情等），其方式是社会可以接受的，甚至为社会所鼓励的。体育的第三项功能就是为社会提供了模范角色。各级运动员，特别是著名运动员，提供了他人可以效仿

①戴维．波普诺社会学（第十版）[M]．北京：中国人民大学出版社，2000：21.

的行为与技术运用的样板。例如，当今社会，很多著名的运动员被青少年视为偶像。社会结构变迁导致的社会生活方式变化把体育推向社会生活舞台的前沿，那么，我国的大众体育能否担此重任，发挥其功能呢？我们把目光投向对大众体育有引导功能的我国的高校体育教育。

（二）高校体育教育对大众体育的引导作用

高校体育教育是学校体育的最高层次，是学生掌握体育知识技能，养成自我锻炼习惯，培养终身体育思想的关键时期，是由学校体育教育转化为大众体育的起点工程。高校体育教育肩负着培养体育人才的重担，是实现世界体育强国的战略重点和实施全民健身的关键。当社会变迁的动力引擎引起因社会生活方式的变化而使体育与社会生活的关系日益密切时，高校体育教育在这种划时代的变迁中绝不可能置身事外、袖手旁观，而应该符合社会发展的方向，顺应时代满足社会需求，促进社会进步，发挥其对大众体育的引导功能。

（三）发达国家高校体育教育印象及其启示

中国古代的哲人曾说过，他山之石，可以攻玉。伟大先哲马克思也说过，工业较发达国家向工业较不发达国家所展示的，只是后来者未来的景象。21世纪，体育与社会生活的密切结合已成为不争的事实，体育成为人们社会生活的重要内容。因此，大众体育是21世纪中国体育的“重头戏”，要唱好这台戏，高校体育教育培养的体育人才必须适应社会需要，满足社会需求，真正发挥高校体育教育对大众体育的引导功能。

在教育思想和教学方法上，国外一些国家的高校体育教育追求终身或长远效益，重视体育文化环境的培养与创造，在教学中充分体现公平与民主，让学生充分享受体育。比如，德国的体育教学以身体练习为基本手段，以丰富的体育项目和体育游戏为载体，以健康为重点，以育人为目标，对学生进行健康教育、集体教育、环境教育和运动教育。这四个教育领域结合起来组成一个教学网络，他们之间相互渗透、相互影响、共同作用，为终身体育打下坚实的基础。体育教学内容丰富、方法多样、气氛轻松，很多内容都是以游戏的形式进行，在游戏中学习和锻炼，从中享受着体育的乐趣，并受到教育。教师都非常强调要让学生对体育感兴趣，这样，学生才能终身进行体育锻炼，有利于身心健康。在体育师资培训课程方面，有调查发现，国外高校体育教育专业学科和术科的比例通常各占一半，若干国家（如加拿大、美国、日本、挪威）四分之三或更多的课程由理论课构成，四分之一左右是实践课。一个显而易见的事实是，体育教育专业中理论课程比例大的国家，体育教育在高等教育界更易得到承认，似乎增加理论课程可提高专业的地位。因此，一些国家兴起了体育专业的改革风，一些大学设置了体育运动学、人类工程学或人类运动学的学科，一些体育专业的名称也随之更改，如“日本体育院系现有8个专业的名称为：体育学、健康教育学、体育学健康教育学、武道学、社会体育学、体育和运动、运动科学和运动管理”。

在专业结构方面，伴随社会需求的不断变化，一些国家高校体育教育专业改变各专业结构，新设若干方向，如日本体育大学社会体育专业设有运动与健康、社会教育和室外休闲三个专业方向。尤其应引起注意的是，一些国家为满足社会需求及提高体育专业的地位，将体育专业置于非体育专业名下。如日本早稻田大学将原属教育系的体育专业改为运动科学专业，并归入新成立的人类科学系，这被认为是体育专业史上第一次用“非体育”的词语来表述体育专业领域。而美国早在日本之前已将不少体育专业改名，其专业名称更为繁多。近些年来，由于世界各国社会发展水平及高等教育体制尤其是体育发展水平的不同，在高等体育专业教育方面表现出一些不同以往的特征。例如，美国的体育已成为一项庞大的商业活动，早在1988年，其体育产业总产值已达631亿美元，成为该国的第22大产业，近年来其产值仍继续升高①。为满足社会对体育产业人才的需求，急需培养既懂体育又懂经营管理的专门人才。于是，应对社会需求，在高等体育教育机构的培养方案中，销售学、经济学、财政学、商业法律、会计与管理、公共关系学、广告学等经济类课程相继出现，体育健身管理、公共娱乐管理、体育设施经营管理专业方向已成为发展迅速的专业或方向。

在课程设置上，重视基础课程和专业课程，并开设综合课程，以使基础教育和专业教育有机结合。值得注意的是，各国高等体育教育专业的增设及课程改革都十分注意与本国的国情相适应，虽有渗透，但终没划一。如美国的培养模式与其发达的高等体育教育体系、灵活的招生分配制度相联，而表现出典型的专业非定向性和课程设置的多样性；日本的招生及分配虽有较大的自由度，但不及美国，因而在专业设置、课程设置上虽学习了美国的灵活性，但终因体育教育、体育制度的不同仍表现出自己的特色。至于美国提倡学生选修辅修，则在于提高毕业生的职业竞争力。

①谷茂恒，姜武成．高校体育教学评价体系的构建［M］．北京：航空工业出版社，2019.

第三节　高校体育教育主体的发展

一、学生主体观

（一）学生观

学生观就是对学生的本质属性及其特点的看法，是构建教学理论的重要基石。因此，现代教学论非常重视确立科学的学生观。

1. 学生是具有主体性的人

教育教学影响只有在得到学生的主体意识的选择、支持后，才能对其知识、能力、个性品质、身体等各方面的发展起作用。苏霍姆林斯基“让每个学生都抬起头来走路”的教育信条，就是要激发学生学习的主体性。在教学活动中学生的主体性表现在以下几个方面。

（1）对教育影响的选择性

学生对教师的教育影响并非无条件地接受，他们要求教师的教学尽量适应学生的需要符合学生的身心发展，运动员负荷量适当等。因此学生有根据主体意识，积极地或消极地进行选择的权利。

（2）学习的独立性

学生学习起点、学习的目标与追求、制约学习的个性心理特征等是各不相同的。体育教学尤其要重视让学生进行独立的运动体验，实现身心活动的协调统一。

（3）学习的主动性

这是学生学习主体性的本质体现，体育教师的教学活动要建立在学生对体育学习的自觉的、主动的、自我追求的基础上。

（4）学习的创造性

学生完成体育教学任务的方式、方法、思路以及对问题的认识等，都可能表现出一定的创新性、创造性。体育教师特别要允许、珍惜并鼓励这种创造性。

2. 学生是发展中的人

学生是处于发展中的人，有其身心发展的特点。发展心理学的研究表明，青少年学生的身心发展具有顺序性和阶段性、稳定性和可变性、不均衡性和个别差异性等特点。因此，体育教师要用发展的眼光来看待学生，诸如教学目标、教学内容、教学方法的选择等，都要根据学生的身心发展水平来确定。“可教性”或“可塑性”是发展中的青少年学生的基本特点，由于年幼儿童心灵的脆弱性，一次不适当的打击也许会导致其终身的心理创伤，而一次充满爱心的关怀或尊重也许会使差生“浪子回头”。

3. 学生是具有潜能的人

越来越多的科学发现证明：人体内潜存着大量未被开发利用的能力。如何将这些潜能开发出来是现代教学义不容辞的责任。一般来说，学生的潜能具有以下特点。

（1）丰富性

科学家对正常人的潜能的估计令人感到惊讶，特别是丰富的人脑潜能。

（2）隐藏性

“潜能”的特点就在于它的隐藏性，是沉睡在人体中不为人们所认知的各种特殊能力。

（3）差异性

每个人都有自己的潜能领域，但潜能的能力、能量、能级因人而异。潜能的显现或与心理发展的关键期有关，或与人的社会性实践有关，早晚有别。

（4）可开发性

人的潜能是可以通过教育教学的训练而得到开发的，体育教育教学是发现和开发学生各方面潜能的有效途径。

4. 学生是整体性的人

教学是培养人的活动，其对象是一个个完整的人，是德、智、体、美、劳全面发展的人。著名教育家杜威说得好：“我们所需要的是儿童以整个的身体和整个的心灵来到学校，并以更圆满发展的心灵甚至更健全的身体离开学校。”赞科夫的“一般发展”也是着眼于学生的整体性，既包括学生智力的发展，还应包括发展情感、意志品质、性格，集体主义思想和体力。为此，教师在施教的手段、方法上也应注意完整性。

5. 学生是有差异的人

教师面对的是有血有肉、活泼好动、各具个性的学生，而且，不同年龄阶段儿童的心理发展水平、生理发展水平不同，在知识结构、感知能力、思维水平、想象力、创造力以及兴趣、情感、表现力等方面都会有显著的差别。因此，因材施教是教学的基本原则，要求教师必须了解学生，懂得学生的心理特点。

（二）学生学习方式

学生的学习方式包括学生在学习过程中所采取的方法和形式，如以不同速度进行学习，以不同方法解决学习中的问题，以不同的独特形式构成各种关系，以及以不同的但又前后一贯的方式处理信息等。

当前从事有关学习方式的研究，希望辨认出各个学生的学习方式和其他特性，以便与适当的教学方式相结合，使学生学得又多又好。但是，在这方面所取得的成果并不是都令人满意的。威特金（1976）及其同事所进行的关于认知方式的研究，为我们提供了理解各个学生并作出反应的最一般的有用的知识。他所提出的场依存型和场独立型的方式，经他的合作者乔纳森·沃伦应用于大学生身上，分辨出大学生中存在着以教师为中心和以学生为中心的两种学习方式。

喜欢以学生为中心的学习方式的学生认为，他们在组织比较松散的班级里，相对来说，不受课题和课业所约束，因而学得最有效。他们喜欢讨论课，甚至喜欢讲课，而且比较喜欢与他们自己的兴趣相通的班级。喜欢以教师为中心的学习方式的学生则认为，他们在围绕着明确的要求和指定作业而组织起来的班级里学得最有效。他们喜欢在上大课时与讲课教师接触，他们喜欢正规的课程内容和有计划有组织的教学，对讨论课并不那么热心。

实际上，那些喜欢以学生为中心的学习方式的学生，想要得到的是教师实实在在的个别帮助和注意，而那些喜欢以教师为中心的学习方式的学生，只想确切地知道教师所期待的究竟是什么，他们会按照教师所期待的去学习。两种学生都希望得到教师的指导和帮助，只不过各自要求有所不同。

与沃伦确定的两种基本方式不同，研究者格拉沙和赖克曼对学生的学习方式作了更为详细的划分，他们把学生的学习方式分成独立型、依赖型、协作型、竞争型、参与型和回避型六种。

独立型的学生喜欢自己思考问题。他们比较喜欢自己独立学习，但也愿意听到课堂上其他人的想法。他们学习他们认为很重要的，并且根据他们自己的学习能力认为有把握的内容。他们喜欢以学生为中心的课堂环境。

依赖型的学生与独立型相反，他们很少表现出对知识的好奇心，只学习所要求的内容。他们把教师和同伴看作是支持的源泉。他们指望权威教师的指导，想让别人告诉他们应该做什么。他们依赖教师在黑板上写出提纲或注解、明确规定作业的界限，喜欢以教师为中心的课堂教学。

协作型的学生喜欢与教师和同伴们合作，喜欢和别人一起工作。他们不仅把课堂看作是学习场所，而且看作社交的相互作用的场所。他们喜欢以小组方式进行课堂讨论的讲课和小型讨论会，喜欢教师与学生小组的相互作用等各种有关的教学活动。

竞争型的学生认为，他们必须与班里的其他学生竞争，才能得到好的成绩或教师的奖赏。他们不仅把课堂看作是决一胜负的场所，力求取胜。这类型的学生常在班上提出各种问题。只要教学方法更多注意以教师为中心，他们实际上并不会更偏爱任何一种教学方法（如讲课、讨论等）。

参与型的学生喜欢上课。他们认为应该尽量多地参加班里的有关活动，并且几乎不参加不属于教学大纲的活动。他们喜欢带讨论方式的讲课和客观测验、论文型的测验，喜欢全班性的指定作业，热情地讲授教材，比较喜欢能够很好地分析和综合教材的教师。

回避型的学生对传统的课堂上学习课程内容不感兴趣。他们不参与课堂上学生和学生的活动。他们对班内发生的事不感兴趣或者不知所措。一般来说，他们避开各种课堂活动，有各种喜好但不喜欢测验，每个人都能得到一个及格分数，不喜欢热心的教师和很好组织活动的讲课。

以上所述的六种类型的学习行为或学习方式对教学效果都有一定的作用，可以作为教师处理教学中的问题的参考。但是，这也不是绝对的，教师只要在一个班的教学中注意到学生已形成的具有不同特性的学习方式，制定相应的策略，灵活地运用不同的教学模式和教学方法与手段，是能够适应大多数学生的需要的。从形成教学系统组合性特征来说，研究和适应学生的学习方式是绝对必要的。

（三）学生在体育学习活动中的特殊性

没有教师的教，儿童也会运动和学习。但体育教学论研究的学生，是在体育教师指导下进行体育学习的。正在成长发育的青少年儿童，他们的体育学习理应有别于自然状态下儿童的学习活动，也应有别于其他学科的学习活动。

1. 学习系统的体育知识

学生在体育教学中所学习的主要是前人通过实践总结出来的知识成果——高度概括的、以书本知识的形式体现出来的体育知识，它是从人类知识宝库中挑选和提炼出来的最基本的知识内容，它系统地体现出人类科学文化的缩影。

体育知识与自然科学、社会科学和人文科学都有广泛的联系。体育学作为一门综合性交叉学科，在不断丰富与发展之中，表现为综合性、多样性、实践性、发展性和创造性的知识。这类知识的学习，不能等同于其他文化知识类学科的学习，它既需要系统的课堂学习，又必须与实践相联系，源于实践而又归于实践是学习体育基本知识的直接要求。理论与实践的有机结合应当是体育知识学习的完美体现。

2. 特殊的体育教学环境

学校教育中学生的认识活动和实践活动是在一种特殊的外部环境下进行的，包括：

①体育教材。它不仅是系统的体育知识理论和实践体系，而且是体育学科逻辑顺序和学生的生理、心理顺序的有机结合；

②体育教师。他在将体育教材内容转化为学生的体育认知、体育能力和素质结构时，起着十分重要的主导作用；

③体育教学设备。教学需要借助一定的体育专用场馆、体育教学设备器材，以及充满体育活动欲望的气氛、有利于学生进行体育活动的优越环境；

④体育教学手段。常规的体育教学手段是以不断的师生良性互动为特征的，而现代化教学手段可将大量经典体育动作清晰地展示在学生面前，也可以使宏观或微观现象、瞬息现象、漫长过程形象地展现在学生面前，为学生提供足够的信息和帮助。

3. 班级的学习

（1）体育教学中的集体

学校体育教学是以班级为基本组织形式的，班级同学之间的交流、讨论、相互观察、保护与帮助是学生得以迅速成长的重要外部条件。

学生班级集体不仅是教学的对象、客体，也是学生个体学习的背景、条件，还是学生进行自我教育的主体。一个良好的集体，不仅作为一种影响源自发地对其成员产生作用，而且确实可以成为一种很大的教育力量，自觉地培养和塑造人。一个良好的班级集体应当具有：①共同的奋斗目标；②坚强的领导核心；③严密的组织纪律；④正确的集体舆论；⑤团结友爱；⑥勤奋好学，等等。

在班级集体中还会自发地形成学生非正式群体，其往往具有双重作用。当非正式群体与组织目标相一致时，能够成为班级集体的辅助力量，促进班级集体任务的完成。否则，会成为班级集体的异己力量，削弱甚至阻碍班级集体目标的实现。教师应善于正确地引导和教育学生非正式群体，使之成为班级集体的积极力量，充分发挥其特殊作用。20世纪90年代，体育教学中“小群体学习”的有关成功经验就充分证实了这一点。

（2）体育教学中的个体

教育活动的主要目的是培养学生，这是教育的个体性目的。“以学生为中心”的思想有很多值得继承的遗产，但应当进一步地补充、完善。

①集体与个体的关系。“以学生为中心”首先要尊重个体，但是，对个体的尊重是以集体为前提，同集体密切相关的。集体本身的成长可以促进个体的成长，它是由集体里各个成员成长发展而成长的。并且，集体的成长又进一步激发各个成员的成长，引导个体成长的方向。个体和集体的关系是对立统一的。

②尊重学生的个性和主体性。在尊重和保护个人的个性发展和动机、兴趣的同时，不放弃教育的作用。而只有出色的、多种教育的作用才能保证更高质量的人的独立自发性和主体性成长。

③体育教学中的小组。分组可以是随机的，也可以依学生的性别、年龄、知识、能力和兴趣等方面的差异分组。20世纪70年代初兴起于美国的合作学习理论，即是以重视学生小组对学生学习的影响为其特色的。美国嘎斯基博士认为，合作学习“要求学生在一些由2～6人组成的异质性小组中一起从事学习活动，共同完成教师分配的学习任务。在每个小组中，学生们通常从事于各种需

要合作和互助的学习活动”。目前各国的合作学习理论都很重视学生小组的组建并充分发挥其教学功能。这是因为从集体动力学角度来看，“当所有的人聚在一起为了一个共同目标而工作的时候，靠的是相互团结的力量。相互依靠为个人提供了动力，使他们互勉，愿意做任何促使小组成功的事；互助，努力使小组成功；互爱，因为人都喜欢别人帮助自己达到目的，而合作最能增加组员之间的接触。”

这些条件都是为了促进认识与实践而创设的，能极大地提高学生学习体育知识和体育技能的积极性，提高体育教学的质量，使儿童实现在自然状态下不可能达到的成长。

二、教师主导论

（一）体育教师主导性的含义

中国关于“教师主导”问题的研究肇始于20世纪50年代。当时各方论者主要在《文汇报》上进行了一年多的讨论，议题是围绕着“教师是否应该起主导作用”及“教师能否起主导作用”来展开的。

教师主导作用的提法最早源自凯洛夫《教育学》，此书有“教师的领导作用”和“教师本身是决定教学的教育效果之最重要的、有决定作用的因素”，“教学内容、方法、组织之实施，除了经过教师，别无它法”等提法。此间的“领导”又可理解为主导、指导或先导，因而“教师主导作用”的说法开始在中国运用。[①]

关于主导的含义，概括起来有以下四种主要的理解：

①主导是对立论哲学范畴的概念，指矛盾对立双方中的主要方面、决定方面。

②主导是在传统教学论术语“导”基础上发展而成的现代教学论术语。

③主导等于领导，是指学生认识方面、认识的客体、认识的途径、认识的结果和质量等，都要取决于教师并由教师负责。

④教师与教材的矛盾是教学过程的主要矛盾，教师是使学生和教材联系起来的中介力量，主导作用主要是指这种中介作用。

①王丽丽，许波，李清瑶．教育技术在高校体育教学中的实践探索［M］．长春：吉林人民出版社，2021.

（二）何为教师主导论

1. 体育教师主导性的含义

中国关于“教师主导”问题的研究肇始于20世纪50年代。当时各方论者主要在《文汇报》上进行了一年多的讨论，议题是围绕着“教师是否应该起主导作用”及“教师能否起主导作用”来展开的。

教师主导作用的提法最早源自凯洛夫《教育学》，此书有“教师的领导作用”和“教师本身是决定教学的教育效果之最重要的、有决定作用的因素”“教学内容、方法、组织之实施，除了经过教师，别无它法”等提法。此间的“领导”又可理解为主导、指导或先导，因而“教师主导作用”的说法开始在中国运用。

关于主导的含义，概括起来有以下六种主要的理解：

①主导是对立论哲学范畴的概念，指矛盾对立双方中的主要方面、决定方面。

②主导是在传统教学论术语“导”基础上发展而成的现代教学论术语。

③主导等于领导，是指学生认识方面、认识的客体、认识的途径、认识的结果和质量等，都要取决于教师并由教师负责。

④教师与教材的矛盾是教学过程的主要矛盾，教师是使学生和教材联系起来的中介力量，主导作用主要是指这种中介作用。

⑤教师是教育方针的执行者，闻道在先，而学生处于不成熟的生长时期，他们的德、智、体诸方面都要在教师的指导下发展。教师的主导作用就在于教师的引导、指导作用。

⑥教学的本质是教支持学、教辅佐学，教的成效取决于学生是否肯学、会学、乐学，教师的主导作用实质是一种辅佐作用。

通过对以上各种理解的归纳，我们对体育教师的主导性作如下的理解：体育教师的主导性是对应学生主体性的概念；主导性表明了教师在教学中的主要地位和主要责任；主导性包括对学生的领导、诱导和指导等综合的作用与责任。

2. 体育教师主导性的内容

体育教师在体育教学中的主导性主要体现在以下几方面：

（1）贯彻体育教学指导思想

不同的时代和不同的时期有着不同的体育教学指导思想。这些教学指导思想既体现在体育的教材中，更体现在体育教学过程中，而体育教师的重要任务之一就是在教学过程中贯彻教学指导思想，这种贯彻体现在体育教学过程的准备阶段和实施阶段。因此说，体育教师是贯彻体育教学指导思想的主导者。

（2）进行教学内容的选择与教材加工

由于体育的素材非常多，而且许多素材是体育的正规竞技项目。体育教师是体育素材和学生之间的桥梁，担负着选择体育素材并将素材加工成为教材的重要任务。教师要从社会要求、学科要求和学生的需要三者之间寻找到结合点，精选符合社会要求、符合学科特点和符合青少年身心发展的教学内容，教给学生实实在在的体育知识与技能。因此说，体育教师是选择和加工体育教学内容的主导者。

（3）选用与学生学习需要相适应的教学方法和手段

每个体育教材都要求相应的教学方法和手段，不同年龄阶段的学生也有着与他们相适应的教学方法和手段，能否正确地选择体育教学方法和手段直接影响教学效果的好坏。体育教师要根据教学目标和教学情境的变化，巧妙地运用各种教学方法，创设各种教学情境，以帮助学生更好地掌握体育知识和技能。因此说，体育教师是选择和运用体育教学方法的主导者。

（4）进行体育学习的评价

体育教师必须通过对学生的学习态度和效果进行评价来不断地激励学生的学习，并给予他们应有的教学反馈。体育教师要通过对学习的终结性评价和形成性评价，通过组织学生之间的相互评价和学生的自我评价来推动体育学习的深入和发展。因此说，体育教师是进行体育学习评价的主导者。

（5）创造适合学生学习的体育教学环境

与其他学科的教学相比，体育教学有更加特殊的教学环境，这个环境应该是美观舒适的、有激励性的和安全的。教师必须能够组织和创设各种良好的教学情境，帮助学生掌握体育知识和技能，并将已有的体育知识和技能进行迁移形成新技能。为学生营造宽松愉悦的学习环境是体育教师的重要工作。因此说，体育教师是创造优良体育教学环境的主导者。

（6）“导航”学生的体育学习方式

学生在完成了必要的知识学习以后，还要将各种零散的知识“串联”起来，形成与认识能力相连接的“知识板块”，并能灵活地、有创造性地运用到体育生活实践中，而这种能力的形成是以探究性和自主性的学习方式为基础的。体育教师在体育教学中的另一个重要任务就是要“导航”学生的体育学习方式，使他们能够灵活地、自主地、有创造性地进行体育学习。因此说，体育教师是学生良好学习方式的主导者。

3. 发挥体育教师主导性的条件

教师主导性发挥的构成有三个要素：一是“目标”，二是“路线”，三是“被导的主体”。有了“目标”才知道“导向哪里”，有了“路线”才知道“沿着什么去导”，有了“明确的被导的主体”才知道“怎么去导”。

（1）教师熟知体育教学观念

所谓教师要熟知体育教学观念，是指体育教师要明确体育“为什么教”。体育教师要理解社会对体育教育的要求和期待，明白体育学科的最终目的是要让学生“懂得什么”“学会些什么”“体验到什么”“形成些什么”。体育教师要把社会的需要和学生的学习动机通过眼前的体育教学结合起来，只有这样才能知道“要把体育教学导向什么目标”。

（2）教师要熟知体育教材

所谓教师熟知体育教材，是指体育教师要明确体育“用什么教”和“怎么教”。体育教师必须熟悉体育教材及其背后的体育学科，要对体育的文化体系和技能体系有个概念，对体育教材中的“科学体系”有必要的了解。具体来说，就是将本教材目标与总目标的关系，本教材的特点、重点、难点以及本教材与学生之间的连点弄清楚，只有这样，体育教师才能知道“把体育教学导向目标的载体和道路是什么”。

（3）教师要熟知学生

体育教师面临的学生首先有着统一的特征，如同一年龄阶段的身体和心理发育特征、基本相同的体育学习经验等，体育教师要通过对这些共同特征的研究与分析，了解学生共同的学习兴趣、志向和要求，了解学生面临的学习难点；体育教师还面临着学生各自不同的特征，如相差较大的体格特点和相差很大的性格特点等，体育教师要通过对个体差异的研究与分析，了解学生在学习兴趣、志向和要求方面的差异，了解学生各自面临的不同学习难点。只有熟知自己的学生，教师才能把客观的运动技能学习与学生主观的条件很好地结合起来，只有这样，教师才能知道“怎样把眼前的学生有针对性地导向目标”。

4.“教师主导性”不同于“教师主宰性”

启发型、民主型的“教师主导性”不同于灌输型和管束型的“教师主宰性”，两者在“性质和本质”“教师课前的工作重点”“课中教师的主要工作重点”“课中教师的主要行为方式”“所构成的教学氛围”“所构成的师生关系”等方面都有着明显的区别。

三、体育教学主导性与主体性的关系

（一）体育教学中教师主导作用和学生主体作用的辩证关系

体育教学中教师和学生两个作用的辩证关系一直是体育教育和教学改革中十分重要的研究问题，众说纷纭。在体育教学实践中也存在不少不正确的认识，主要的错误认识有的过于极端化，即完全弱化体育教师的主导作用，过分强调学生的主体作用，从而导致了“放羊式”教学的泛滥等；还有的将体育教师的主导作用和学生的主体作用对立起来，即认为体育教师的主导作用强了学生的主体作用就弱了，而学生的主体作用强了体育教师的主导作用就强不起来了，二者在体育教学中的作用是不能并存的等。这些不正确的观念出现在众多体育教学实践中，需要及时纠正，应辩证认识体育教学中体育教师和学生两个作用的关系，从而不断提高体育教学质量。

1.体育教师的主导作用和学生的主体作用是相辅相成的关系

在体育教学过程中，体育教师的主导作用和学生的主体作用应该是相辅相成、相互促进、浑然一体的关系。体育教师的主导作用越强，学生的主体作用也越强；反之，体育教师的主导作用减弱，学生的主体作用也会相应地减弱。换言之，体育教师主导作用发挥好了，学生学习也必然进入积极主动的主体地位，即学生以学习的主人角色出现，在体育知识、技术和技能及思维等各方面都能取得一定程度的进步与发展。这肯定与体育教师巧妙地发挥了主导作用是分不开的。多年来，对体育教师主导作用的理解和贯彻存在着一定的问题，往往把体育教师主导作用和服务于学生“学”的作用分开，把学生受教学的客体和学习的主体对立起来。其实，学生的“学”固然是在体育教师的引导和组织下有序进行的，但“教”是为“学”而存在的，否则就毫无意义。体育教师主导作用也必然有一个落脚点，这个落脚点只能是“学”，体育教师教学的目标和结果一定要由学生的“学”及其“学”的结果体现出来，由“学”来显示与评价。

体育教师的主导作用可以理解为引导作用、指导作用和教育作用。体育教师有计划地组织教学，引导学生朝着正确的体育教学目标前进，并不断给予引导、指导和教育，让他们的体育知识、技术和技能及身心得到更好的发展。在体育教师的引导、指导和教育下，学生可以不断地发挥自己的潜能，朝着既定的体育教学目标前进，在此过程中，学生可以随意施展体育才能，充分发挥主体性作用。由此可知，体育教师的主导作用和学生的主体作用其实就是一件事情的两个方面，两者并不矛盾，体育教师的主导作用是为了更好地促进学生主体作用的发挥。

在实际的体育教学实践中，体育教师正确引导、指导学生的学习，学生积极参与学习过程，充分发挥主体作用，才能最终达到良好的教学效果。若没有体育教师正确的教，学生只是盲目地学；或者只有体育教师的教，学生不配合学，都是无法达到最终的体育教学效果的。

当然，提倡学生的主体作用并不等于学生中心主义。学生是学习的主体，必须调动其主观能动性，使其积极认真地学习，但必须有体育教师适时必要的引导及教导，才能确保体育教学活动顺利进行，使学生获得体育知识、技术和能力，完成体育教学目标。让学生很好地发挥主体作用的前提条件是体育教师发挥好主导作用。就完成体育教育目标来说，体育教师和学生都承担着责任，学生要积极地在体育教师引导下学习，体育教师要全心全意地教好学生，让学生学有所得，在体育知识、技术和能力方面都得到全面的发展，这是师生共同的目标。体育教师的主导作用就是主动地为学生的“学”服务，不能被动地适应和满足学生不正当的兴趣，而是要从体育教学目标出发，从学生的根本利益出发，把握方向，因势利导，使学生轻松愉快地学到体育知识、技术和技能，从而使学生的身心获得全面发展。

2. 体育教师的主导作用和学生的主体作用是相互强化和优化的关系

在当前体育教学改革实践中，体育教师主导作用和学生主体作用两者的辩证关系是相互强化和优化的。在体育教学中，体育教师主导作用的充分发挥是建立在学生充分体现主体作用的基础上的，只有学生充分体现出主体作用，才能说明体育教师主导作用的充分发挥；同时，学生主体作用的充分体现，反过来进一步强化体育教师主导作用的发挥，又进一步刺激学生主体作用的体现。在这两者作用的刺激与碰撞中，会逐渐朝着优化方向发展，两者作用会越来越配合，越来越协调、和谐。同时在这一过程中，体育教师主导作用和学生主体作用两者是相互强化与相互优化发展的。

体育素质教育强调学生是体育学习和发展的主体，在体育教学中要重视与弘扬学生的主体性，要让学生主动地、生动活泼地进行体育学习。强调学生的主体性，并没有否定体育教师的主导作用，也不是要削弱体育教师的主导作用，而是要加强体育教师的主导作用，这对体育教师的要求更高。在学生的成长过程中，主体作用在不同年龄和学习阶段的表现是不一样的，在幼儿园及小学阶段，学生的自主能力有限，知识有限，教师的主导作用就更大；随着学生年龄的增长、知识的增加和能力的提高，他们的主体作用才逐步表现出来。

不能将发挥体育教师的主导作用和尊重学生的主体作用割裂开来，更不能顾此失彼，也不能从一个极端走向另一个极端，反过来片面强调学生决定一切，强调学比教更重要，把主体和主导、教和学对立与割裂开来。特别在应试教育的影响下，如果体育教师不重视学生的学习积极性，不研究学生的心理特征和特点，不讲究教学方法与手段，会使体育教学比较死板、枯燥。这种体育教师的体育教学是激发不了学生的积极性的，学生是不可能融入其中的，体育教师的主导作用和学生的主体作用是不可能发挥出来的。

总之，只有把学生主体作用与教师主导作用有机地结合，才能将体育课程与体育教学改革真正向前推进。

3. 体育教师主导作用和学生主体作用角色转换的辩证关系

在体育教学改革实践中，体育教师主导作用和学生主体作用并非是绝对的，而是相对的，是可以角色转换的。积极的体育教师主导作用和学生主体作用是可以相互促进的、相互增长的，也可以说，体育教师主导作用和学生主体作用是可以相互制约的。体育教师主导作用的发挥可以促进学生主体作用的发挥，而体育教师不能发挥主导作用，则会压制学生主体作用的发挥。所以，在体育教学中，体育教师主导作用的发挥是关键。

然而，体育教师主导作用和学生主体作用并非是绝对化的，而是在特定条件或环境下可以角色转换的。体育教师根据体育教学目标、任务及学生的实际情况制订体育教学计划、进度计划、每次的备课及采用的体育教学内容、教学方法手段、教学步骤及组织形式等，这些均是以体育教师为主体。在体育课中，体育教师按照备课教案认真执行，以“导演”的角色指挥、指导或教导学生进行各种体育学习与锻炼，而学生如同演员，在体育教师的各种“导”下进行各种“表演”。所以体育教师高质量的“导”会积极影响学生“演”的质量。但是，当体育教学目标不同，体育教学方法不同，通过体育教师与学生的角色转换，更容易达成体育教学目标。如在合作教学中，体育教师主导作用和学生主体作用可以根据不同的教学目标和形式发生一定的转化。在合作教学中，体育教师在掌控教学大方向的基础上，将班级分成几大组，分选出组长等，并组织进行讨论、分析研究等，以激发、引导学生怎样达到设定的体育教学目标。然后，体育教师对各组的合作学习情况进行评比等。这时各小组的组长起到了小教师的“主导作用”。常规体育教学由体育教师全面负责与主宰学生的一切，使学生完全在体育教师的指挥棒下，按照体育教师的教条模式完成任务，学生完全没有自己独立思考与活动的空间，只是盲目听从体育教师的安排，缺乏主动性和积极性，而体育教师本人也由于自身能力有限，使得体育教学内容和教学设计不能满足学生的需要，进而导致学生学习不主动，没有兴趣。在合作教学中，教师由原来的“主导、决定、控制于一体”转向“组织、帮助、指导、评价”。学生的角色也在转化，学生由原有的“主体、服从”逐步变成了“主导或参与、协作”。

合作教学给每个学生展现自我，发挥主导作用的机会，这里的学生既可以发挥主导作用，也发挥了主体作用；体育教师有时退居幕后，甚至和学生共同讨论，成了学习的主体。这种体育教师主导作用和学生主体作用的转化，给体育教学带来了生气与活力，并能达成体育教学目标。如在体育课中为培养学生的创新能力，采用探究教学法，让某些学生当教师，进行体育教学某方面问题的探索，或带领其他学生进行某一体育活动，让学生利用已有的体育知识、技术和技能，开动脑筋并策划与安排具体体育活动，体育教师充当学生体验其指挥的体育活动。这一活动结束时，让充当教师的学生进行总结，然后体育教师进行点评。这种让学生的主体作用转化为主导作用的活动，是为了更好地培养学生的创新意识、体育思维、创新行为能力及人际关系能力和团队合作能力等。当然，这种体育教师主导作用和学生主体作用的转化活动也不是“放羊式”，而是在体育教师主导作用的全面掌控下，有目标、有计划、有方法、有步骤，并在一定空间下进行的。适当的体育教师主导作用和学生主体作用的转化有利于学生的学习与成长。因此，体育教师主导作用和学生主体作用的转化是辩证的关系，不是绝对化的，这种转化的前提或目标是为了或有利于学生的体育知识、技术和技能的学习与掌握，或有利于各种能力与体育习惯的养成，或有利于学生身心健康的提升等。如现在各高校热捧的MOOC课程中，学生与教师的主体作用和主导作用的相互转化更为明显。学生借用网络平台，不仅可以作为学生学习全世界的知识，了解专业领域及相关领域发展的情况及成果，也可以以教师的身份将自己已有知识传授给他人或将自己独到的、具有学习价值的见解与他人进行交流沟通，教师亦如此。教师和学生通过大型开放式网络课程实现了教师与学生角色的转化，从而实现了主导作用和主体作用的不断转化。

（二）体育教学中教师主导作用和学生主体作用“异常”现象分析

我国学校体育肩负着促进学生身心素质不断提高的任务，体育教师是关键。但是，我国20多年来学生体质持续下降。2005年五部委共同组织的第五次全国学生体质健康调研的结果显示：学生的肺活量水平与体能素质持续下降，其中速度、力量素质连续10年下降，耐力素质连续20年持续下降，超重与肥胖学生明显增加，视力不良率长期居高不下，其中初中生上升幅度最大，较2000年增加了8.7个百分点。2007年，中共中央、国务院下发了《关于加强青少年体育增强青少年体质的意见》，对加强青少年体育工作提出了20项重要的政策措施，要求“通过5年左右的时间，使我国青少年普遍达到国家体质健康的基本要求，耐力、力量、速度等体能素质明显提高，营养不良、肥胖和近视的发生率明显下降”。据2010年全国学生体质健康调研结果显示，中小学生体能素质持续下降的趋势得到了初步遏制，但是仍然存在一些比较突出的问题，特别是大学生的耐力、速度、爆发力、力量素质持续下降，中小学生超重与肥胖检出率不断增加，学生视力不良检出率持续增高且出现低龄化倾向。这里所说的“中小学生体能素质持续下降的趋势得到了初步遏制”，并非说中小学的体能素质已经不再下降了，而是指下降的趋势有所减缓。由此可见，中共中央、国务院提出的两个“明显”的要求并没有实现。

我国学生体质持续下降，学校体育教育应负有不可推卸的主要责任，这是不争的事实。学校“三育”在追求“智育”第一的背景下，“体育”教学显得越来越软弱无力，而其陷入这一困境，令体育教育界人士汗颜。正如汪康乐教授所说：“当代中学体育教学改革在旧与新、偏与全、简单与复杂、肤浅与深刻、现象与本质之间的辩证性‘搏斗’中，不断地向纵深发展。然而在体育教学改革与发展过程中，不可否认有鱼龙混杂，出现了一些背离体育教学改革轨道或不和谐的‘异常’教学现象：冠以快乐教学为名，行现代化‘放羊式’之实；冠以全面素质教学为名，行单一素质教学之实；冠以体育教学改革为名，行全盘否定传统体育教学之实；冠以培养终身体育技能教学为名，行单一性技能教学之实。”

在学校体育教育改革道路中出现一系列不正常现象，也属正常现象，但如不及时纠正与消除会产生很多危害，严重影响我国学校体育教育改革的进程、体育教学质量的提高、学生体质的不断增强等。尽管这是由多种原因造成的，需要从各个方面进行分析研究，但是体育教师主导作用与学生主体作用没有充分发挥也是主要原因之一。本人通过观察和访谈等方法，将目前学校体育教学中教师主导作用和学生主体作用的“异常”现象，大致归纳为三大方面：体育教学中学生的主体作用无限扩大化；体育教学中教师主导作用和学生主体作用浮于表面；体育教学中教师主导作用完全丧失而学生主宰一切。针对这些“异常”现象进行分析研究，并加深认识，才能进行纠正，才能真正发挥体育教师主导作用与学生主体作用，才能不断提高体育教学质量，才能不断促进体育教育改革的深化。

1. 体育教学中学生的主体作用无限扩大化

体育教学中，体育教师主导作用与学生主体作用的“异常”现象之一即将学生的主体作用无限扩大化。传统的体育教学中过分强调教师的主导地位，表现出主宰性、独裁性，忽略了学生的主体地位，限制了学生思维的发展及其创新能力的发挥。自20世纪80年代以来，快乐体育教学由日本倡导而传入我国学校体育教育领域，冲击了我国的传统体育教学观念，引起了很大的反响与深思。快乐体育教学变革了广大体育教师的体育教学理念，促进了体育教学模式的多样化发展，变革了体育教学课质量评价内容及指标的重建，从追求学生的生理指标（运动负荷）、课的练习密度、掌握“三基”程度向学生的精神、心理及人际关系等多重评价内容与指标发展，以有效促进学生身心健康的全面发展与提高。但是我国许多体育教师对日本传入的快乐教学的内涵缺乏正确理解，甚至曲解其意，将快乐教学简单地理解为迎合学生“玩”的心理，以尽量满足学生而让学生尽兴地“玩”，无限扩大了学生在教学中的主体作用，从而导致了新的“放羊式”教学现象出现：“一个哨子两个球，学生老师都自由。”其实日本倡导快乐教学的内涵是，学生在刻苦锻炼之后获得成功的心理愉悦。如要求学生冬天在冰天雪地里穿背心、短裤跑步等，而且运动量大，让学生获得克服困难、战胜自我的成功体验的心理“快乐”。在应试教育的长期影响下，一些体育教师混淆了主体性教学与“放羊”课的区别，对学生缺少必要的体育教学指导、教学要求，体育课堂教学混乱，使体育教学组织走向另一极端，即体育教师自我削弱其在体育教学过程中的主导作用，将学生的主体作用无限扩大，导致体育教师教学行为的失常且日益涣散，随意抛弃体育教学目标、教学计划和教学任务等，不认真备课，形成体育教学的随意性，教学过程中不关注与关心学生的体育学习与锻炼情况，缺乏应有的教育与教学指导的“懒惰教学”，更导致了学生对体育教学的曲解：体育课就是尽兴地“玩”，而不是一个不断接受体育知识、技术和技能及各种非智力素质和能力的培养与塑造的过程。这种所谓的“以学生为本”，无限扩大学生的主体作用行为，完全与体育教学改革相悖，既有害于体育教师和学生，更有害于学校体育教育改革的深化和对人才素质的培养。

体育教学，应强调与发挥体育教师的“主导”作用与学生的“主体”作用。学生作为接受体育的被教育者，缺乏体育知识、技术技能的基础，当体育教师不去有效指导学生时，其体育行为具有盲目性和片面性，其“主体”作用也是无效的；而体育教师只有掌握体育教学规律和方法，进行正规的体育教学，在教学过程中不停地进行指导、引导和教导等一切有益于学生积极学习与锻炼的行为，言传身教，其主导作用和指导作用才能充分发挥。体育教师的主导作用体现得如何，主要看体育教师的活动是否能为学生更好地掌握知识、技术和技能服务，是否能为学生培养和塑造更好的各种素质服务。如果体育教师不考虑体育教学的“过程”与体育教学的“结果”，在体育教学中一味为了发挥学生的能“动”性，任凭学生兴趣去活动，不考虑所有的教学活动是否围绕该体育课的教学目标来进行，这种将学生的主体作用无限扩大化，不断削弱体育教师的主导作用的教学，其实质是一种现代化的“放羊式”教学，无疑使体育教学失去了真正的教学目的和意义。

2. 体育教学中教师主导作用和学生主体作用浮于表面

体育教学中，体育教师主导作用与学生主体作用的“异常”现象之二即教师主导作用和学生主体作用浮于表面。陕西某高校大学生小雄提起中考体育，不满情绪溢于言表："我上初三的时候，体育课的内容就是围绕体育考试内容进行的，不是跑步就是引体向上，整天就是那些练习，烦都烦死了。可是为了考试，只能这样。我喜欢游泳，这项运动对于培养耐力一点都不比长跑差，却由于考试没有这一项，因此我在初中时有很长一段时间没有游过泳。虽说中考时体育成绩不差，但我对长跑彻底烦了，初三以后，我就不跑步了。再跑，就到高三了，因为体育会考又开始了。"中考体育中，许多学生都有着和小雄一样的想法，如果不是为了考试，一些项目说什么也不想练，这一现象在中学里普遍存在。在一所中学的操场上，有记者随机采访了几位正在运动的学生，当记者问他们如何看待中考体育时，其中的男生表示，因为平时一直参加体育活动，并不怕体育考试；而一位体型稍胖的女生则认为长跑难以过关，"咬牙坚持练，最近天天练，累不说，成效也不大，但是为了考试只好这样，考完试肯定不练了，我还是喜欢跳操。"

自体育被纳入学校中考以来，"考什么，练什么"的现象不断在全国各学校上演，这种不正常现象实际是有悖于学校体育教育目标、任务和体育教学规律的，抹杀了体育教师的体育教学智慧，将体育教师的主导作用和学生的主体作用浮于表面，局限于中考内容，局限于狭隘的体育教师的主导作用和学生的主体作用，难以真正使体育教师的主导作用和学生的主体作用得到充分发挥。体育教师上课的体育内容都是围绕着考试内容进行的，并没有充分发挥主导作用，因为体育教学内容是体育中考规定好了的，体育教师只是从中挑选，参照体育运动理论知识、组合考试项目进行训练。而学生，为了在中考中取得好成绩，不让体育拖后腿，不得不硬着头皮，忍受着单调、枯燥乏味的素质练习，体育课成了训练课，弥漫着学生们无奈的情绪，课堂中学生叫苦连天，原本愉悦、快乐的体育运动学习与练习不复存在。这样的体育课堂"教学"，学生的主体作用被严重削弱，对于体育教学内容没有选择权，完全体现不出学习主人翁的地位。正如学生所述，同样是发展耐力，选择长跑而不用游泳代替，是因为中考体育中的考试项目是长跑，致使学生听到长跑就害怕，又回到了应试教育中被动接受的状态。

"考什么、练什么"违背了《体育与健康课程标准》所提出的"课程在充分发挥教师教学过程中的主导作用的同时，十分重视学生在学习过程中的主体地位，注重培养学生自主学习、合作学习，探究学习的能力，促进学生掌握体育与健康学习的方法，并学会体育与健康学习"这一理念。虽然国家赋予了体育教师和学生相应的职能，但现实学校体育环境中未给他们充分发挥应有职能的空间，其实质依然是应试教育的再现，体育教师的主导作用和学生的主体作用只能浮于表面，并没有真正起到作用，这有碍于学校体育教学及其体育教育改革的发展。

3. 体育教学中教师主导作用完全丧失而学生主宰一切

体育教学中，体育教师主导作用与学生主体作用的“异常”现象之三即体育教师主导作用完全丧失而由学生主宰一切。这些体育教师一味迎合学生“玩”的心理，上体育课时，学生爱玩篮球就给学生发篮球，学生爱玩足球就给学生发足球，发完球就什么都不管了，或中间巡视一下，或等下课收球了事。体育教师不仅已经完全丧失主导作用，而且丧失了体育教师应有的职能，甚至到了“颓废”的地步。而学生却成了体育课中的主导与主体，一切均由学生主宰，一切由学生做主，学生爱怎样就怎样。这种现象使体育教师教学行为日益涣散，随意抛弃体育教学目标、教学计划和任务等，更导致学生对体育教学的曲解，导致体育教师走向极端偏激的、不负责任的体育教学歧途，与体育教学改革相悖，既有害于体育教师自己，也有害于学生，更有害于学校体育教育改革的深化和对人才素质的培养。这些体育教师思想素质差，业务水平低，缺乏教师应有的思想境界、观念、立场和道德等，其教育心智日趋“堕落”，思想“懒、散、乱”，左右着行为，又何来的体育“教书育人”之理？体育教师的职能何在？

体育教学中，首先要防止出现体育教师主导作用和学生主体作用“异常”现象。作为一名体育教师，首先要有良好的职业思想和相应的觉悟、全面的体育知识、运动技术技能，熟谙各种体育教学方法及其课堂教学与调控能力等；其次要牢牢抓住体育教育目标，科学合理制定每次体育课的教学目标、任务，采取一系列有效的教学方法、步骤以及充分考虑学生的学习实际情况进行教学。在体育课中，体育教师积极教学引导，充分发挥体育教师的主导作用，以充分调动学生的学习积极性，从而促进学生全面锻炼身体，不断提高学生的身体素质、体育知识、运动技能、心理素质及意志品质、竞争意识、吃苦耐劳的精神等，促进学生全面、系统、协调发展。因此，在体育教学中，只有充分发挥教师的主导性，才能充分调动学生的主体作用，双方共同合作努力，才能完成每次体育课的教学任务，达成体育教学目标及体育教育目标。

第三章 高校体育教学内容的发展

第一节 体育教学内容概述

一、体育教学内容的概念

体育教学内容是指以健康教育为目的，以身体练习、运动技能和教学比赛等形式为手段，通过课堂教学实施，可以在教学环境下进行的教学内容的总称。因此，体育教学内容和其他教学内容一样，都具有明显的教育性、科学性和系统性的特征，但是它与其他学科又有着明显的区别：体育教学内容突出的是实践性，师生在课堂上不是封闭静止的，而是互动的、全开放的；另外，体育教学内容许多来源于现实生活，具备一定程度的娱乐性、观赏性和竞技比赛性。

二、高校体育教学课程内容的现代化

（一）大势所趋

早在1983年邓小平同志就提出“教育要面向现代化，面向世界，面向未来”。教育现代化发展思路很快就成为了我国教育工作的必然选择。而教育要现代化，其教育内容首先要现代化。随着社会体育消费的变化，社会对体育运动的需求也在发生着变化，高校体育教学内容现代化问题已经是大势所趋，且迫在眉睫，已成为高校体育课程研究的焦点。我国社会正在快速发展，人们的生产方式、生活方式正发生着内在与外在的巨变，社会人群体育运动、休闲、消费方式也呈现出不同于以往的特征，这些特征的出现，客观上需要高校体育教育做出应答与相应的调整，而高校体育教育现代化就是高校应对社会发展变化的重要举措之一。高校体育教学内容如何顺应现代人的物质和精神方面的

追求，是目前高校体育教育面临的问题。过去由于社会发展缓慢，该问题体现得并不十分突出，但现在这一矛盾越来越凸显出来。要保持高校体育教育的活力，让高等院校体育教育效果落到实处，就必须认真分析此类问题，并切实做出解答。我国众多的课程研究专家均认为：将新知识纳入现行学校教育体系中，已越来越成为整个学校教育的一个亟须解决的问题，寻求这些新知识进入学校教育内容的途径和方式，是我们研究的一个重要课题。实施教育现代化，关键在于代表教育现代化的内容是否落实到课程上。社会的竞争最终是人才的竞争。社会的发展离不开生产力的发展，而构成生产力发展的诸要素中，最重要的因素是劳动力的素质。劳动力的素质主要包括智力素质和体力素质，而体育教育对增进劳动者体力素质起着十分重要的促进作用。高校体育教育在提升大学生身体素质的同时，着力增进大学生的健康，全面培养其综合能力，因此，高校体育教育是打造符合社会需要人才的重要基地。教育要面向现代社会，首先必须解决其教育对象的社会化问题，其中突出的问题即通过教育实现人的现代化。高校体育教育可规范人的行为、提高人的公平竞争意识，是培养大学生良好的生活习惯、促进其成长的不可或缺的社会助长因素。目前，体育正作为现代化生活方式的重要组成部分，受到越来越多的关注。随着生产力的发展和生产方式、生活方式的变化，人们对体育的需求愈加强烈。培养现代化的人才是教育的永恒主题，在此背景下，体育教育现代化在我国教育现代化中，必将书写出华彩篇章。

（二）体育教育现代化与体育课程现代化的关联

教育现代化涵盖诸如教育思想现代化、教育内容现代化、课程现代化、教育设施现代化、教师队伍现代化、教育管理现代化等一系列相关内容。课程现代化在其中居极其重要的地位，缺之不可。学校体育现代化是一个动态的发展过程，现代化本身即是一个动态变化的过程，是一个由停滞、落后发展状态向可持续发展状态不断迫近的过程。学校体育现代化有着非常丰富的外在表现和内涵。体育课程作为学校体育的一个重要标志，在学校体育现代化的进程中将起到举足轻重的作用。体育教育现代化的核心应当是体育课程的现代化。课程是实现教育目标的重要途径，是组织教育活动的基本依据，是体现教育价值观的物质载体。因此，课程居于教育的核心地位，高校体育教学也应如此。因此，对高校体育课程现代化的研究应该从教育现代化、学校体育现代化等宏观角度出发，进一步深入研究高校体育课程在现今社会发展中的地位、特征、内涵与实施途径。

（三）课程现代化及高校体育课程现代化的内涵

据联合国教科文组织统计，截至1980年，当代人类知识体系中，人类有史以来100多万年积累的知识仅占10%，而近30年积累的知识则占90%。20世纪90年代以后，信息技术在全球范围内被广泛使用，带动现代社会迎来知识生产与知识消费的繁荣期，人类社会新知识生产积累的速度呈几何增长态势。英国信息学专家詹姆斯·马丁推断，人类的科学知识在19世纪是每50年增加一倍，在20世纪中期是每10年增加一倍，而进入21世纪，则每3～5年增加一倍。随着现代社会发展，人们的运动品味、喜爱从事的体育活动以及在学校体育中的运动项目选择均在悄然发生着变化。从近些年的变化来看，新兴体育运动与传统体育运动可谓各领风骚、争奇斗艳，在不同大学生人群中均拥有各自的爱好者群体。传统的篮球、足球、排球、乒乓球、田径参与人数相对稳定，以往参与者偏少的游泳、羽毛球、网球、棒球等冷门项目参与者数量激增，而一些以往开展较少的运动项目，如跆拳道、散打、国标舞蹈、瑜伽、体适能锻炼、轮滑、滑板、自行车、橄榄球等新型运动项目，在高校也涌现许多爱好者。新型运动项目不断推陈出新，并呈现明显的加速发展态势，这对于乐于尝试新事物的大学生来说，其吸引力是不言而喻的。而大学生在厚爱这些新项目的同时，对于传统优势项目的参与热情不减。社会体育运动项目的快速发展、大学生在参与运动项目方面的选择、高校开设新运动项目的条件等正发生着改变，这些对于高校体育课程和教材的内容设计提出了严峻的挑战。解决高校体育教育的内容有限性与高速度增长的社会体育运动的无限性之间的矛盾，即如何实现高校体育教学内容现代化的问题，已成为高校体育课程研究面临的重要问题。

（四）实现高校体育课程现代化的路径

体育教学内容来源于体育素材，符合教育、体育原则的体育素材可能成为体育教学内容。体育教材是指根据体育教学目标和体育课程要求选定并经过加工和改造，用于集中组织教学的各类体育知识和运动技能，即体育教学大纲、教科书（体育课本）中的内容。体育教材是体育教学不可缺少的要素，是促进学生身心发展的重要手段。体育教学内容集中体现在体育教材之中。从高校体育教育现代化这一总命题上看，探讨高校体育教育内容现代化的路径是实施高校体育教育现代化的必由之路，这里主要从以下三个方面加以探讨：

1. 用新的观念指导高校体育教材的编制

高校每个学科教材编制必须研究学科的新观点和新方法论，用新的观念做指导，更新教材内容乃至体系，这也是使教学内容现代化的重要措施。高校体育课程教材的编制应该立足于“健康第一”“提升人的综合素质与能力”“培养符合社会发展需要的人”等新教材编制理念。所谓“健康第一”即所提供的教材内容能够帮助大学生寻找到适合其自身发展需要的运动方式，有助于引导其主动参与运动，利于大学生形成个人的运动特长或体育偏好，从而为其终身体育奠定基础。①

（1）体育教材要进一步适应社会发展的需要

随着我国现代化进程的日益推进，人的劳动方式正不断地由笨重、体力消耗大的大肌肉活动转变为自动化生产中的小肌肉群的精细动作，这些动作对人脑的反应能力以及动作的精确性、协调性和灵敏性提出了很高的要求。此外，随着生活水平的提高，人们的健康意识大大提高，迫切需要学习和掌握一些简便易行、实效性强并具有一定娱乐趣味的身体锻炼手段和方法，以适应现代生产和生活方式的需要。有鉴于此，高校体育教材的编选要适应现代社会发展对大学生素质的要求，从以运动项目为主的教材体系转变为以社会生活为背景的教材内容体系，注重全面锻炼学生身体，发展身体素质，培养体育能力。

（2）体育教材应进一步体现全面育人的教育目标

体育教材的改革，要进一步以大学生的全面发展为目标，在突出促进大学生身体发展的同时，注重发挥体育教材在发展学生的思想道德、情感、意志、个性及智力等方面的功效，以育人为中心，为完成体育教育的育人目标服务。因此，在体育教材的格局上要突破以运动技术为主线的教材格局，逐步向完善大学生身体、促进个性发展为目标的健身育人的教材格局转变；从以大学生在校学习和锻炼为中心的教材体系向侧重培养学生健身意识，有利于其养成身体锻炼习惯，提高他们自学、自炼、自评的自我锻炼能力的方向转变。

（3）体育教材应当适应终身体育的需要

体育教材，一方面要为大学生打好身体基础服务；另一方面则要有利于培

①王惠．高校体育教学方法研究［M］．北京：光明日报出版社，2016.

养大学生对运动健身的兴趣和爱好，熟悉和了解社会大众体育的内容，自觉地把参与体育锻炼作为今后日常生活中不可缺少的内容。终身体育的思想要求学校体育教材更多地引入“生活体育”的内容，以便同社会接轨。另外，高校体育教材还要给大学生提供更多的简单实用的体育卫生保健的基本知识和科学锻炼方法，使大学生理解终身体育的必要性，树立良好的体育生活态度，更好地适应终身体育的要求。

总之，体育教材应该是在体现以人为本理念基础上的新型教材，以人为中心，重新组织教材结构，并根据需要留下部分机动内容供教师、学生选择，随时根据实际情况充实新的内容。

2. 优化高校体育课程体系总体结构

高校体育课程应该在保持学科课程属性的同时，开设多类型、多形式、新颖别致的运动选修课程，设置具有开放体系的高校体育类综合课程，其中应涵盖一些方便实用的微型课、短期课等，使高校体育教学内容多样化、人性化，且可选择性强，这同样也是实施高校体育教育现代化的重要途径。

3. 处理好新旧内容的关系

高校体育课程是高等教育的重要组成部分，在此阶段应使学生掌握人类体育文化中较优秀的基础知识和基本技能、技巧，为其投身社会、终身从事体育锻炼打下基础，在此基础上实现人的全面发展，这是教育现代化的最终追求，更是每个高校体育教师孜孜以求的目标，对此，高校体育工作者应当达成共识。那么，处理好运动基础知识、技能的教学与使用技术、技能传授之间的关系就显得尤为重要。对于一个大学生而言，什么样的知识才是基本体育知识、技能，什么是实用技术技能，这需要我们认真加以研究。一般认为，基本运动知识、技能是指那些最具普适性、迁移性，并为学习和掌握其他体育知识、技术所最必需的运动方式群。确定高校体育学科的基本知识、技术是一项艰巨而复杂的工作。因为，随着体育运动的推陈出新，社会体育风尚的转变，基本体育知识、技术的内涵也在发生变化，新的运动方式不断被纳入基本体育知识、技术体系中，实际上也是高校体育基本知识、技术体系结构不断发展和完善的过程。这种吸纳方式有两种：第一，新的运动方式可以作为原有基础知识的补充和丰富，直接进入原有的基本运动技能体系结构之中；第二，当新运动技能不能直接被容纳在原有的基础结构，与其发生冲突时，原有的基本技能结构可能被打破而做出适当的调整，以顺应新运动方式的发展变化，从而建立起新的高校体育运动基本知识和技能结构体系。由此，需要深入研究的是，面对现代体育运动蓬勃发展，什么样的新运动方式才有进入高校体育教育内容的必要和可能。

笔者认为，应从体育学科特点出发，选择大学生进入现代社会从事生产、工作、学习和生活所必需的，相对稳定的，并适合学生身心特点的，有利于学生全面发展的运动方式，将其运动知识和技能纳入高校体育教材之中。面对高度信息化的社会大生产和社会生活，形成个人健康生活方式的能力已成为人类生存的基本素质。为此，高校体育课程中应处理好传统的社会生存基本能力与现代的高度信息化社会带给人们体育选择的多样化、时尚化的发展趋势之间所需的关系，有的放矢地筛选适当的内容。体育课程编制中应把培养学生基本运动能力和形成适应现代社会健康生活方式的能力和技巧作为课程目标之一，并渗透到体育学科之中。按照现代生命科学的观点和发展状况充实和改造原有的体育课内容，可以把生命科学、环境保护、健康存在以及现代生活方式等现代知识充实进去，此外，开设新的、实用的或时尚的体育科目，也是高校体育教学内容现代化的必要手段。

第二节　体育教学内容的目标与要求

一、 体育教学的目标

（一）体育教学目标概述

“百年大计，教育为本。”历史经验证明，国家要富强，民族要昌盛，就必须依靠教育为国家和民族的富强和振兴培养高素质的人才，依靠教育全面提高民族的素质。21世纪是知识经济的时代，是知识密度、高度信息化的世纪，对人才的素质将提出更高的要求。高等学校是培养人才的摇篮。1997年江泽民总书记在党的十五大报告中指出：“培养同现代化要求相适应的数以亿计高素质的劳动者和数以千万计的专门人才，发挥我国巨大人力资源的优势，关系21世纪社会主义事业的全局。”为了适应21世纪人才培养的需要，我国的高等教育必须高举邓小平理论的旗帜，进行全面的改革，才能为21世纪培养具有竞争意识、开拓进取的德、智、体全面发展的“综合型”人才作出更大的贡献。因此，作为高等教育重要组成部分的高校体育教学，必须与高等教育进行同步改革，才能顺应历史发展的潮流，才能为21世纪培养大批高素质的人才。而高校体育教学要进行深入的、全方位的改革，就必须在明确体育教学指导思想的前提下，制定适应21世纪人才培养需求的高校体育教学目标。为此，本书拟对21世纪我国高校体育教学目标问题进行研究，为高校体育教学改革提供借鉴。

学校体育学科中包含以下几个不同层面的目标：学校体育目标、体育课程目标、体育教学目标、课外体育目标、学习领域目标、水平目标、学段教学目标、学年教学目标、学期教学目标、单元教学目标、体育课目标等。这些目标既存在一定的差异性，也具有较强的关联性，但这些目标有的是同一个层面的，有的是不同层次的。体育教学目标可被理解为体育教学活动的“第一要素”，上接学校体育目标、体育课程目标，下承水平教学目标、单元教学目标、课堂教学目标等，使所有目标构成一个较为连贯的目标体系。而在理论研究和教学实践中，由于这些目标之间的关系并不十分清晰，从而产生了一定的混淆，特别是在制定各层次的体育教学目标的过程中，由于认知上的偏差，造成了体育教学目标的泛化和淡化现象。因此，探讨体育教学目标的特征、内涵、划分与编写等问题将有助于深化体育教学目标的研究，提高各层次目标制定的科学性。

有关体育教学目标的概念在教育大辞典和体育科学词典上均未查到，只查到百度百科和潘绍伟主编的《学校体育学》中的概念：“体育教学目标是体育课程的亚目标，它是体育教学中师生预期达到的教学结果和标准。”还有其他的解释：“指在一定时间和范围内，师生经过努力后所要达到的教学结果的标准、规格或状态。”以上概念与教育学中的概念基本类似，主要包含两个层面的含义：其一是体育教学的预期目标，也就是体育教学设计过程中的预设目标；其二是体育教学的结果目标或达成的标准，也就是实施体育教学之后的评价目标。

根据教学目标的概念表述，体育教学目标具有以下几个基本特征：

①体育教学目标在教学活动中占有重要的位置。它对落实教学大纲、制订教学计划、组织教学内容、明确教学方向、确定教学重点、选择教学方法、安排教学过程等起着重要的导向作用。因此，确定准确、合理的教学目标也被认为是教学设计的首要工作或第一环节。

②作为预设的体育教学目标与作为结果的体育教学目标必须具有一致性，才能实现两者的对接，并确保体育教学的实效性。

③体育教学目标应具有可测量性。教学目标既是预设的标准，也是验证体

育教学效果的指标，应具有可测量、可评价的性质。

④体育教学目标具有一定的层次性。根据学习者在学习基础和能力方面的差异性，可将教学目标分成三个不同的层次：合格层次（符合课标的最低要求），中等以上层次（基本符合课标的标准要求），优秀层次（符合或超出课标的最高要求）。

（二）制定高校体育教学目标的依据

高校体育教学目标应当反映一套动态的体系，应当随着社会发展的需要以及体育教学本身的发展进行不断的调整和完善。制定和调查高校体育教学目标大致有以下六个方面的依据。

①是现代社会发展对高校体育教学提出的新要求，是制定和调整高校体育教学目标的依据之一。

②是现代教育的发展对高校体育教学提出的新要求，是制定和调整高校体育教学目标的依据之一。

③高等教育目标和高校体育目标是制定和调整高校体育教学目标的主要依据。

④大学生的年龄特征、生理特征和心理特征是制定和调整高校体育教学目标的依据之一。

⑤高校体育教学所具有的功能是制定和调整高校体育教学目标的依据之一。

⑥在制定和调整高校体育教学目标时还必须考虑高校的客观条件、体育教师的思想素质和业务素质以及体育课程的年限和体育教学的时数等因素。

（三）目前国内外高校体育教学目标的主要特点

综观目前国内外高校体育教学目标，基本上都是以生物学、心理学和社会学的理论为依据来制定高校体育教学目标的；也有从发展的角度（发展身体素质、发展体能）、教养的角度（包括对体育知识、技术和技能的掌握等）、教育的角度（包括对学生进行思想品德教育，培养良好的作风等）和社会的角度（包括社会行为、处世能力和人际关系等）来制定和调整高校体育教学目标的。经济较发达国家的体育教学目标制定得较为全面和具体，包含体育的、娱乐的、健康的、技能的、生活的，甚至是安全方面的目标；而发展中国家所制定的高校体育教学目标多数还停留在健身上。我国高校所制定的体育教学目标，相对而言却比较笼统、概括，大致包含增强体质，掌握体育知识、技术、技能和思想品德教育三个方面，是一种“教育型”的体育教学目标。

（四）对确定21世纪高校体育教学目标的建议

1. 要从整体、系统的观点来理解和制定高校体育教学目标

高校体育教学目标应当具有多层次、多系列的结构，其中包括认识系列、教师的调控系列和学生的自控系列；还应包括社会需求系列、教育要求系列和学生身心和谐发展系列。同时，体育教学过程又是具有多方面功能的，既要传授体育知识、技术和技能，又要发展学生身体，增强学生体质，还要通过体育教学发展和完善学生的个性，包括社会行为的教育等。因此，体育教学过程既是一个认识过程，又是一个体能和智能发展的过程，还是一个培养个性、愉悦身心的过程，是一个多层次、多系列的过程。为此，必须应用整体、系统的观点进行综合研究，才能正确理解和制定高校体育教学目标。

2. 要从获多种效益来理解和制定高校教学目标

在高校体育教学中，学生从事各种体育学习和运动训练，并在反复的练习中达到高校体育教学的要求，完成体育教学的目标任务。高校体育教学具有多种功能，包括生理功能、心理功能、教育功能、审美功能、娱乐功能、竞技功能等。因此，必须从体育教学中获得多种效益来理解和制定高校体育教学目标。

3. 要正确制定高校体育教学的目标，就必须对高校体育教学目标进行分类研究

要正确制定高校体育教学目标，就必须对高校体育教学目标进行分类研究。据笔者所收集到的我国各类高等学校所制定的体育教学目标来看，其文字的表达方面已有很大的进步，但仍然摆脱不了旧框框的束缚，仍然较为笼统和抽象。如果要制定出全面而具体、符合现代教育发展要求和21世纪人才培养需求的高校体育教学目标，就应当运用现代教育学、心理学、生理学、社会学和分类学的理论进行研究，并在这个基础上进行体育教学目标管理、体育教学目标评价等。这样的高校体育教学目标，才能对高校的体育教学改革具有指导作用，才能使我国高校体育教学改革向科学化的方向迈进。由此可见，对高校体育教学目标进行分类研究，是当前高校体育教学改革的一个重要课题。

（五）我国21世纪的高校体育教学目标

回顾世界各国和我国高校体育教学发展的历程，体育教学最初的目的是增强学生的体质，主要着眼于生物学改造的目标。实际上，这仅仅是对体育本质的初级认识。随着科学技术的发展、社会的进步、体育的功能日益扩大，体育的二级本质和更高的本质逐渐被专家、学者们挖掘和认识，因而高校体育教学目标也发生了变化，进行了不断的调整。目前，大多数发展中国家的高校体育教学目标仍然停留在健身上，而一些经济发达的国家则倾向于体育的更高级价值和综合价值。21世纪是科学技术高度发达、知识高度密集、高度信息化的时代，教育将变应试教育为素质教育，即从以往单纯培养“知识型”人才，变为培养“开拓型”“创造型”“综合型”的人才，高等教育将着力提高大学生整体综合素质。从高校体育教学的角度来说，对大学生综合素质的要求，首先应当强调身体素质、心理素质和思想品德素质，进而培养学生具有高科技时代需要的能力素质，这是时代对高校体育教学的要求。展望21世纪，体育已不再是一种手段，它将成为现代人生活内容的重要组成部分。因此，21世纪高校体育教学目标应当既继承“教育型”目标，又要有所发展和创新。21世纪我国高校体育教学目标应当是：向学生传授体育知识、技术和技能；锻炼学生的身体，全面提高学生的健康水平；培养学生对体育的兴趣，并向志趣的方向发展，养成其自觉从事体育锻炼的习惯，使体育成为学生生活中不可缺少的组成部分；增强学生的体育意识，培养学生的体育能力，发展和完善学生的个性，促使学生有身心自我完善的需求，牢固地树立终身体育的观点，把学生培养成为德、智、体全面发展的现代化事业的建设者和接班人。

（六）实现21世纪我国高校体育教学目标的对策

1. 充实高校体育教师队伍，提高体育教师的素质

体育教师素质的好坏，直接影响高校体育教学目标的实现，也直接影响人才培养的质量。因此，充实高校体育教师队伍，提高他们的思想品德素质和业务水平是实现高校体育教学目标的关键。目前，高校体育教师队伍中“断层”现象十分严重，提高中青年体育教师的素质，改善中青年教师的学历及学术结构已迫在眉睫。从学历结构来看，虽然高校体育教师中本科毕业的教师是主体，但高学历教师太少，与其他学科相比差距极大。据教育部体育卫生艺术教

育司调查资料表明，目前全国高校公体教师中具有硕士学位的仅占1.7%，而具有博士学位的更是寥寥无几。如果不尽快地改变这种格局，要实现高校体育教学目标将是十分困难的。

2. 确立“终身体育”为高校体育教学指导思想

“终身体育”作为现代体育的思潮，对高校体育教学产生了重大的影响，以“终身体育”思想为指导，是深化高校体育教学改革，实现高校体育教学目标的有效途径。“终身体育”思想是指以培养学生终身参与体育锻炼能力和习惯为主导的思想。随着社会主义市场经济体制的完善和社会化大生产的发展，人们的物质生活和文化生活水准不断改善，加之劳动时间缩短，余暇时间增多，人们体育意识的增强，体育将成为人们生活中不可缺少的组成部分。高校体育是学校体育的最高层次和最后阶段，具有与社会体育衔接的特点。在高校体育教学中，确立以“终身体育”为指导思想，注重培养大学生的体育意识，增强大学生的体质，养成其经常锻炼身体的习惯。这样，不仅能顺利地实现高校体育教学目标，而且可以为大学生的“终身体育”打好扎实的基础，同时，还可以为实施“全民健身计划纲要”培养大批骨干，为提高中华民族体质与健康水平作出应有的贡献。

3. 建设具有中国特色的21世纪高校体育课程和教材体系

自中华人民共和国成立以来，高校的体育教学和课程设备进行过多次改革。但由于在改革过程中理论研究落后于实践，缺乏先进的理论指导，一年一个口号，一个时期一种主张，改来改去，仍然依样画葫芦，没有什么实质性的改变。同时，长期以来由于我国高校高层次的决策人缺乏改革开拓思想，求稳怕乱，不能主动引导广大高校体育教师打破旧的高校体育课程设置，走出一条变革创新的新路子。为了创建具有中国特色的高校体育课程体系，必须以邓小平理论为指导，使课程设置与社会主义市场经济体制下我国高等教育总目标相适应，要为实现高校体育教学目标服务。教材内容既要吸取国外先进科研成果，又要继承和弘扬中华民族传统体育，注重理论与实践的统一。教材内容要集知识性、科学性、系统性和实用性于一体，贯彻“百花齐放、百家争鸣”的方针，避免“千校一本书，千本一面孔”的现象，逐渐形成具有中国特色的高校体育教材新体系。

二、选择体育教学内容的要求

（一）应符合现代高校学生的特点

高校学生的身心发展日趋成熟，这为他们在大学的独立生活和学习提供了必要的生理基础，但他们的心理还未真正成熟，他们的价值观、世界观正处于逐步形成的阶段。高校学生作为已经掌握了一定社会规范、有着较强的独立意识、具有较高智力发展水平的群体，他们有各自的兴趣和需要，对各种事物均会做出自己的分析、判断和选择。这不仅体现在他们有很强的环境适应能力和独立生活的能力，还体现在他们能够结合所学的专业知识，通过各种途径，积极参加校内外的社会实践活动，他们期望能够在活动中塑造和锻炼自己。

（二）应符合高校学生对体育知识的需求

随着社会文明程度的不断提高，现代大学生的体育意识也得到了进一步的增强。他们已经不满足于仅仅掌握一些一般性的体育基本技术和基本技能，他们更希望掌握一定的专业性体育知识，需要用这些体育知识武装自己的头脑，以便为树立现代的体育观打下坚实的基础。

（三）应符合高校学生对健身的需求

随着经济的迅猛发展和社会的进步，社会各个领域的竞争日益加剧。而生活节奏的加快，使人们承受的心理压力也在不断增大，现代文明病和各种职业病越来越泛滥，加上环境的污染和生态平衡的破坏，使大学生开始认识到健身是提高生活质量的保障。与此同时，“健康第一”的教育指导思想正在大学生的头脑中逐渐形成，大学生的健身意识也大大增强了。

（四）应符合高校学生对健美的需求

随着大学生的体育意识的不断增强，健美已逐渐成为现代大学生所喜爱的健身方式之一。以往的体育教学以传授体育的“三基”为中心，旨在增强学生的体质，几乎没有向学生传授任何有关健美的知识和技能。改革开放以来，我国人民的物质生活和精神生活都有了很大程度的提高，高校学生的体育观念也发生了巨大的变化。健美在大学校园里已成为一种时尚，健美操、韵律操、形体训练等健身项目，深受广大学生的喜爱。

（五）应符合高校学生对娱乐的需求

为了进一步贯彻实施《全民健身计划纲要》（以下简称《纲要》），现代大学生会主动、积极地去学习和掌握娱乐体育的知识和技能。娱乐原本是体育的本质属性，如果体育失去了娱乐的功能，那么体育也就失去了它的魅力。大学生参加各种体育活动不仅是为了锻炼身体，而且是为了愉悦身心和陶冶情操。培养学生对体育的兴趣，让学生从体育运动中寻找乐趣，满足大学生身心发展的需要，是学校体育的主要目标之一。

（六）应符合高校学生对终身体育和竞技体育的需求

随着我国人民生活水平的不断提高，花钱买健康已成为一种社会时尚。现代大学生在这种社会环境和终身体育思想的影响下，在追求体育锻炼的健康效益的同时，也开始重视培养自己的体育兴趣和特长，并学习和掌握一些运动知识和运动技能。竞技体育具有鲜明的娱乐性、竞争性和人文性等特征，它所表现出来的竞争意识、群体意识、协作精神、拼搏精神等，都是大学生的身心发展所迫切需要的。

第三节　体育教学内容分类与层次

一、体育教学内容的分类与层次

（一）教学内容和体育教学内容的概念

日本著名教育家佐藤正夫指出：“构成教学内容最重要的因素是向学生传授的知识内容，即教学内容是由该学科的知识素材构成的。”金钦昌主编的《学校体育学》将体育教学内容定义为“为实现体育教学目标而选用的体育卫生保健基本知识和各种运动动作。”毛振明等认为体育教学内容“是那些以身体练习、运动技能学习和教学比赛等为形式，经过组织加工后的，可以在教学环境下进行的内容总称。”可见，某一学科的知识素材经过必要的筛选和整理，有利于实现教学目标，即构成了该学科的教学内容。所以，知识素材的教学价值越高，它在教学内容中的地位便越重要。换言之，并不是一个学科中的所有素材都能作为教学内容来使用。体育课程的内容体系十分庞大复杂，体育教师必须充分理解和把握体育教学内容的深刻内涵，要善于从教育学和教学理论的角度去选择整合它们，使教学内容能够满足《纲要》所提出的身体、心理、社会三方面的健康观。因此，能够根据课程标准对体育教学内容进行选择与整合，是一名优秀体育教师的必备条件。

（二）体育教学内容的分类

体育教学素材丰富多彩，比较松散，明显不同于数学、化学等其他学科，它不具备鲜明的顺序性、阶梯性和逻辑性，这些特征导致了体育教学内容的分类标准多种多样。一般来说，体育教学内容主要从以下几方面划分。

①按体育课的授业要求划分可分为：体育运动的基本知识、基本技能和基本技术三类。

②按学校体育的教学目标划分：《纲要》明确规定体育教学目标分为运动参与、运动技能、身体健康、心理健康和社会适应能力五个方面，体育教学内容也相对应地进行了分类。

③按体育课的教材类别划分可分为：田径、球类、体操、健身操、传统体育和游戏等方面的教学内容。

④按体育学科能力划分可分为：体育运动能力、体育锻炼能力、体育娱乐能力和体育欣赏能力等方面的教学内容。

⑤按体育课堂的教学目标划分可分为：增进健康、发展体能；体育与健康基本知识；基本运动能力与运动技能；体育兴趣与个性培养等多方面教学内容。

⑥按教学内容在大纲中的地位划分可分为：重点、一般和介绍三类。

⑦按教学任务划分可分为：学习内容、复习内容和练习内容等。

无论哪种分类方法，都是围绕锻炼身体、发展体能、增进健康和培养终身体育这个核心来划分的。其他内容如意志品质的培养、和谐的人际关系和团队精神的培养，都要通过学习和实践上述内容才能得以实现和发展。

（三）高校体育教学内容的选择

随着高校体育教学改革的不断深入，大学阶段的体育课必然走向选修课，甚至走向俱乐部模式。体育课开多少项目已经演化为一种文化教育行为，包括强身健体、精神满足、个性培养、陶冶身心的多种作用，在很多教学内容的选择上已不是纯生物学意义上的选择了。在有限的教学时间内，我们不可能全部教完体育所包含的全部内容，甚至不可能教完大纲所列举的教学内容。所以，合理的选择与组合教学内容是贯彻执行《纲要》精神的根本保障。

在进行高校体育教学内容的选择时，除了要与教学目标相适应外，还应兼顾学校的人才培养方向以及学生自身发展的需要。如地矿类和农业类的学校，由于学生毕业后的工作环境多在野外，可考虑增加泅渡、野外生存生活训练等项目内容；然后考虑选择内容的科学性和合理性，即所选的内容是否符合学生的年龄特点和心理特征，是否有充足的场地器材和师资力量保障；最后才是教学内容的难与易、先与后、多与少的搭配和组合问题。因此，高校体育教学内容必须选择那些本学科中最有用、最有价值的内容，既要注重对体育健身的时效性，又要注重对实际生活和社会实践所需要的知识、能力的培养。

二、体育教学内容的改革

（一）现行体育课程内容存在的问题

1. 过分重视竞技运动，轻视健康教育

长期以来，学校体育教学以体质教育和运动技术教学为主。这些技术要求高的项目，学生花很长时间和精力都难以掌握和提高，使之出现了厌烦上体育课的现象。另外，这些竞技性的项目大多趣味性低，健身效果差，不能激发学生锻炼的积极性和热情，严重影响了教学质量和健身效果。

2. 教学内容繁杂重复

高校公共体育以达标为体育锻炼的目的和根本任务，大纲对学生要学习的体育项目做了规定，使得体育教学内容偏多，在规定时数内难以完成，造成每个项目只能是走马观花地学，效果不佳。另外，一些健身效果好、趣味性强、群众基础广泛的项目没能进入高校体育课堂，而中小学时学习过的竞技体育内容到大学又要重复地学习，这就造成了高等体育教学内容与基础教学内容的严重重复，使学生对体育课的认识就变成了只有走、跑、跳、投等几个有限的项目。

3. 不利于学生终身体育能力的培养

现行的体育教学模式和教学内容体系，多是以提高运动技能和身体素质为

主的项目，而缺少休闲体育、生活体育、民族体育等相关内容，不便于学生形成终身体育的思想和能力。学生在课堂上所学到的内容，在社会实践中由于客观条件的限制和项目自身的特点而不能用于自我健身或社会交往。这样一来，大学生毕业后没有找到一两个适合自己的运动项目，长此以往就会造成与体育绝缘，更谈不上终身体育了。

4. 学生的主体地位与创新能力被忽视

现行的高校体育课程内容只考虑到体系的完整性，对于开放性和现代性的重视不够。内容规定过死，缺少弹性和灵活性，学生只能被动地按照教师的要求上课，选择幅度较小，不能充分体现其主体地位。体育教学内容以竞技为主，娱乐的内容很少，因此学生很少积极主动地用脑去思考锻炼身体的重要性，更谈不上创新能力的培养。

5. 缺乏体育理论知识

体育理论课在课程设置中没有占到一定的比例，学生对其了解不多，致使学生缺乏对体育卫生保健知识、运动损伤与治疗、自我评价与自我监测、运动处方等体育理论的掌握，从而不利于学生根据自身情况进行科学合理的锻炼与保健。

（二）高校体育课程改革的依据与指导思想

健身性与文化性相结合。紧扣课程的主要目标，把“健康第一”的指导思想作为确定课程内容的基本出发点，同时重视课程内容的体育文化含量。

选择性与实效性相结合。学校应根据学生的特点以及地域、气候、场馆设施等不同情况确定课程内容，课程内容力求丰富多彩，能为学生提供较大的选择空间，并注重学生健康发展的实效性，做到与中学体育课程内容的衔接。

科学性和可接受性相结合。教学内容应与学科发展相适应，反映本学科的新进展、新成果，要以人为本，遵循大学生的身心发展规律和兴趣爱好，既要考虑适应学生个性发展的需要，也要考虑适应社会发展的需要，为学生所用，便于学生课外自学、自练。

民族性与世界性相结合。弘扬我国民族传统体育，汲取世界优秀体育文化，体现时代性、发展性、民族性和中国特色。

要充分反映和体现教育部、国家体育总局制定的《学生体质健康标准（试行方案）》的内容和要求。

（三）高校体育课程内容改革的方向

1. 体育教学内容要现代化

体育教学内容的现代化就是要融科学性、实用性和趣味性于一体。科学性是指高校体育的学科特性在高校体育教育中充分地发挥作用，实施素质教育和培养现代化人才，这也是衡量现代化高校体育课程内容的一把尺子；实用性是指使学生掌握那些现代社会最有用最基本的体育知识和技能，并为增进学生健康，培养体育能力和从事身体锻炼打好全面的基础；趣味性是指教师要重视体育文化修养教育和注重启发式教学，让学生了解体育知识和体育锻炼的价值，充分体验运动的乐趣，引导学生创造性地学习和主动性地尝试。

2. 体育教学内容综合化

把身体素质为主要内容的课程转向体育实践、体育理论、余暇体育、健康课程等紧密结合的多功能、综合性的大课程；把思想教育、体质教育、健康教育、技能教育、娱乐教育、心理素质教育融为一体贯穿于教学全过程。

3. 体育课程内容要具有开放性

体育教学内容要更加丰富多彩，学生和教师选择体育教学内容的权限更加广泛，同时，落实在每个学生身上又要相对集中。开放性的目的是最终要达到新的体育教学内容可以随时进入教材，而旧的教学内容经常得到更替，体育教学内容的娱乐性和文化性同它的健身性一样得到重视，使体育课程内容得到真正意义上的开放。

（四）高校体育教学内容改革的建议

1. 加强体育理论知识内容的教学

体育理论课程的学习，可以大大提高学生对体育的认识，增强对体育运动的了解，激发体育动机，培养体育兴趣、体育运动的能力与习惯。同时，学生通过学习与运用体育保健知识，能够针对自己的身体状况，制定合理的运动处方。这种体育教学为学生的终身体育锻炼奠定了很好的理论基础。因此，在高校体育教学内容的改革上要根据大学生的特点，安排传授高层次的健身、养心知识和科学的锻炼方法与理论，通过体育教育使其具备自我锻炼设计、自我监督、自我调节的能力。为此，体育理论课的设置要达到一定的课时，占到整个教学时数的20%左右。课程的主要内容应从健康教育学、营养学、运动人体科学的角度，重点讲授体育与健康、体育与减肥、营养、休闲体育等内容，要突出科学性、实效性、针对性、指导性和时代特征，使学生获得保护身体健康和科学锻炼身体的方法，掌握终身受用的体育知识。

2. 精简竞技体育内容，降低其难度和要求

由于竞技体育内容大多对身体素质要求很高，技术的结构比较复杂，学生很难掌握，且易发生运动损伤，造成很多学生对此望而生畏。因此，在新的课程改革中，要贯彻“健康第一”的指导思想，减少竞技体育的内容，降低动作技术难度，突出体育课程健身与娱乐的功能。内容要少而精，易于掌握，易于开展，利于终身锻炼，并且效果明显。建议采取发展素质的有效部分，放弃耗时的复杂技术部分，增加练习时间。教师可以将精力花在对竞技体育项目的改造和开发上，如田径中的走、跑、跳、投项目，动作技术难度大、不易掌握又枯燥无趣，可以降低这些项目的技术难度，改为趣味投掷，趣味走、跑、跳，趣味抢和拦，从而达到锻炼身体、促进身心健康的目的。

3. 选择受学生欢迎并易于开展的项目作为必修课程

学生是体育课程的主体，在设置体育课程内容时要充分考虑学生的需求和爱好，选择一些大多数学生都喜爱，都可以接受的体育项目为体育必修课程，这样才能充分调动学生的积极参与性，取得良好的健身效果。有的项目不受季节、时间、空间、器材等因素限制和影响，易于开展，又有较强的健身性和娱乐性，我们可将其引为必修课程，从而减轻学校对财力、人力、物力的投入，以便于灵活多样地开展各类体育运动。如球类，作为多数学生喜爱的项目，既可以是学生在课堂中学习的良好素材，也可成为其课余社交活动的一种有效手段，这样便于学生与社会体育接轨，并养成终身参与该项运动的爱好和习惯。

4. 将时尚体育、实用体育和传统体育项目引入课堂

青少年大多喜爱娱乐体育、休闲体育、民间和民族体育等。时尚体育包括健美操、拉丁舞、搏击操、现代舞、街舞、体育舞蹈、形体舞等；生存体育类包括游泳及负重泅渡、溺水救护及自救、攀岩、轻武器原理及射击、野外生存技能、自卫防身术等；民族传统类包括武术、太极拳（剑）、舞龙、舞狮、腰

（锣）鼓等；休闲娱乐类包括网球、羽毛球、软式排球、气排球等。若将这些项目作为教学内容引入体育选修课堂，会大大丰富课程内容，增长学生见识，提高其社会适应及生存能力。同时，项目本身趣味性强，健身效果显著，这样势必会得到学生的广泛认可，并且能够充分满足学生的求知欲与好奇心，从而达到使学生学习热情高涨、学习兴趣得到充分的发展、体育运动能力增强的效果。

第四节　体育教材变化及其内容

一、高校体育教材的变化

根据我国普通高校体育教材发展的历史，可以将我国普通高校的体育教材划分为三代：1992颁布的《纲要》以前的体育教材为第一代；1992年《纲要》颁布起到2003年《纲要》颁布实施之前编订的体育教材为第二代；以2003年《纲要》为依据，将要构建的符合素质教育要求的、面向世纪的高校体育教材为第三代。

第一代的体育教材重视体育基础知识的传授和基本技能的训练，强调系统的“双基”教学，但教材内容和结构是以满足“学科中心”“社会中心”为主要目标设计的。第二代体育教材已明确了为教育目标服务的目的，强调适应教学的要求，力求体现高校体育教育性质，在降低难度、加强竞技体育内容教材化和能力培养方面作出了一定的探索。但教材体系仍然没有摆脱体育专业教材的影子，教材内容陈旧、偏深、偏难，过于注重技能、技巧的训练，缺乏培养能力的切实措施，掌握运动技能仍然是其学习目的而不是手段。因此，这样的教材主要是为教师的教学提供方便，它仅仅是教师手中的工具。它虽然有别于著作，但未把学生作为明确的服务对象，学生很难将教材内容与生活实际结合起来或用以指导自己的体育实践。

因此，无论是第一代教材，还是第二代教材，它们都属于学科中心主义占主流的组织体系。这种体系以传承知识为目的，注重学科特色，强调知识的系统性和科学性，力求促进教材结构有效地转化成学生的认知结构。在进入信息时代的今天，知识不断更新，因此人们愈加清醒地认识到，学会学习、学会探索、富于创造是何等的重要，这些远较掌握有限的知识更有意义。然而，以传承知识、增强学生体质为目的构建的教材体系，难以满足2003年《纲要》提出的体育课程是大学生以身体练习为主要手段，实现增强体质、增进健康和提高体育素养的目标，在促进学生个性发展、与学生的生活实际相联系，培养学生终身体育锻炼的兴趣和能力方面也显得力不从心，这已成为人们的共识。

二、新一代高校体育教材应具有的特征

那么，与前两代体育教材相比，第三代教材除了应具备一般教材的基本特征以外，应该着重在哪些方面有所突破呢?

第三代高校体育教材是明确把学生作为对象性的教材。关注学生的个性发展，应是编写教材的第一思考要素和基本出发点。体育基础知识和基本技能固然重要，但学生如何获取知识，以及在获取知识的过程中，学生的情感、态度、价值观等方面的培养和能力的发展是更为重要的，这也是教材编制的核心要素。在此前提下编制的新一代教材，应具有以下特点。

（一）开放性

高校体育教材编制的开放性主要体现在以下两方面。一方面，开放性是强调教材与学生生活、与社会发展的联系。课程实施过程要体现自主性和尊重学生发展的原则，提倡教学活动的多样性，教学时间和空间的开放性，自主选择教材内容，评价标准的差异性。另一方面是教材结构体系、编制方式的开放性。普通高校体育教材内容的选择与组织不受限于体育专业教材的固有模式，而注重倡导多样化的编制方式。如果教材编制仅仅满足于按照传统的编制方式或某一种模式，那么，久而久之便会导致教材的“多本化”而不是《纲要》所提倡的“多样化”。

（二）时代性

为了保证教材具有时代性，需注意以下几点：

第一，要正确看待继承与发展之间的关系，对于传统的、人们习以为常的知识内容很多人都有难以割舍的情怀。因此，我们必须痛下决心调整心态、以科学的态度客观地分析原有的教材内容，舍弃那些与当今社会发展不相适应的内容和观念，使学生能够在其宝贵的学习生涯中获得最有价值的教育。事实上，舍弃传统体系中的某些内容，并不意味着这些内容毫无意义。但是，面对层出不穷、内容庞大的体育运动素材，我们不可能都将其作为高校体育教材内容让学生掌握。我们只能把那些与时代发展相吻合，有助于学生发展的、适应

未来生活的、能引起学生兴趣的内容纳入我们的教材体系中。毋庸置疑，当学生具备了自主学习的能力以后，他们会根据自己的兴趣爱好从事体育健身活动。

第二，对于新编写的教材要避免“换汤不换药”。由于教材结构体系多年的延续性和对教材功能的浅表认识，人们很容易采用以原有的教材结构体系去同化新的教材结构体系的处理方式，但这种教材结构体系及其所具备的功能显然不是第三代教材所追求的模式。以原有的教材结构体系为基本点融入新的知识，很难突破原有体系，建立更能激发学生学习的主动性、积极性和创造性的新体系，也使教材的功能得不到充分的发挥。因此，新编写的教材在教材知识结构体系的构建、教材的组织编排顺序、教材内容的呈现上，都应采用相关学科的最新发展和研究成果，体现教材发展的时代性。

（三）学生的主体性

21世纪体育课程十分重视学生的主体地位，力求使学生得到充分和全面的发展。因此，在编写教材时，应注意教材的内容要唤起学生积极主动地参与意识和运动兴趣。特别是在教材有关内容中应渗透一些促使学生不断感知自己进步的知识和评价方法，引导学生思考各种问题，鼓励学生进行探究式学习，使学生掌握自我锻炼、自我调控和自我评价的方法。教材的叙述方法、设计、版式、插图等，要为学生课外学习和运动实践提供必要的启发和指导。

此外，21世纪的体育课程教材的时代特征还表现在重视教材的实践性和应用性，理论联系实际，重视因材施教，使教材具有明显的层次性。教材编写建立在科学研究的基础上，体现科学性和创新精神。要编写新一代教材不是一件容易的事情。这要求教材的编者不仅要有丰富的知识、精湛的编写技艺，而且要懂得现代教育学、教学论和学习心理学的基本原理。只有以现代教育教学理论为指导，对传统教材的内容和结构体系进行科学的分析、合理继承、大胆改革，才能创造性地设计出新一代教材。

第四章　高校体育教学管理分析

第一节　高校体育教学管理概况

一、高校体育教学管理的内涵与过程

（一）高校体育教学管理的概念

高校体育教学管理是高校体育管理的重要内容之一，要了解高校体育教学管理，首先要了解高校体育管理。所谓高校体育管理是指学校体育的管理者通过一定方式整合资源，以实现高校体育目标的活动。高校体育管理的内容按范围可分为宏观和微观两大部分，前者主要是反映学校外部对学校体育工作的管理，而后者则是指学校内部的体育管理工作。本书主要探讨学校内部的体育管理，它属于微观层面的高校体育管理。微观层面的体育管理一般分为业务管理和行政管理两类，高校体育业务管理主要包括高校体育课程管理、高校体育教学管理、课余体育训练与竞赛管理、早操和课间操管理、余暇体育管理等；高校体育行政管理包括体育教师与组织管理、体育场地设施管理、体育经费管理、体育科研和体育情报管理等。本书对高校体育教学管理概念的界定是：高校体育教学管理是指高校体育管理者对高校体育教学实施科学的管理，使其达到程序化、制度化、规范化；它是为了稳定高校体育教学秩序、提高高校体育教学质量、完成高校体育教学任务，进而实现高校体育教学目标的管理活动。

（二）高校体育教学管理的特点

1. 管理内容的综合性

高校体育教学管理内容的综合性，主要表现在它是对体育教师、大学生、

教学进度、教学场地、器材设施、教学文件及教学评价等进行一系列综合管理的活动。如果这些管理内容中有一项管理不到位，就会影响整个教学管理流程的顺利进行，也毫无疑问地会影响到教学的质量。所以，高校体育教学管理的内容具有综合性。

2. 管理过程的连续性

高校体育教学管理具有连续性，是因为高校体育教学过程本身就是一个循序渐进的过程，对其管理自然也要遵循这一常规，要保持循序渐进，不能脱节与中断。从时间序列上看，虽然可以把它分为不同教学阶段与环节的管理，但是如果管理缺乏连续性，就不能形成和保持良好的教学秩序，也就不能确保顺利地按照教学计划进行教学活动。所以，教学管理人员应该根据不同的教学阶段与环节，提出相应的管理方法和措施，以确保整个教学管理过程的连续性。

3. 管理反馈的及时性

高校体育教学管理是一个受多种因素影响的动态管理系统，在其运转过程中，要根据反馈原理，及时获取各个方面的反馈信息，并对其进行及时的调整，以便能保持整个系统的正常运转，进而提高对人力、物力、财力以及场地、器材等的利用率和效能。

（三）高校体育教学管理的过程

高校体育教学管理是高校体育管理的中心环节，它对于提高体育教学质量，保证体育教学目标的实现具有不可忽视的作用。高校体育教学管理主要包括三方面，即高校体育教学过程管理、高校体育课成绩考核管理和高校体育教学质量评估。

1. 高校体育教学过程管理

高校体育教学过程是指高校师生为共同实现体育教学任务而进行的双边活动。其内容主要包括教务管理、课堂教学管理和意外伤害事故管理（图4-1）。

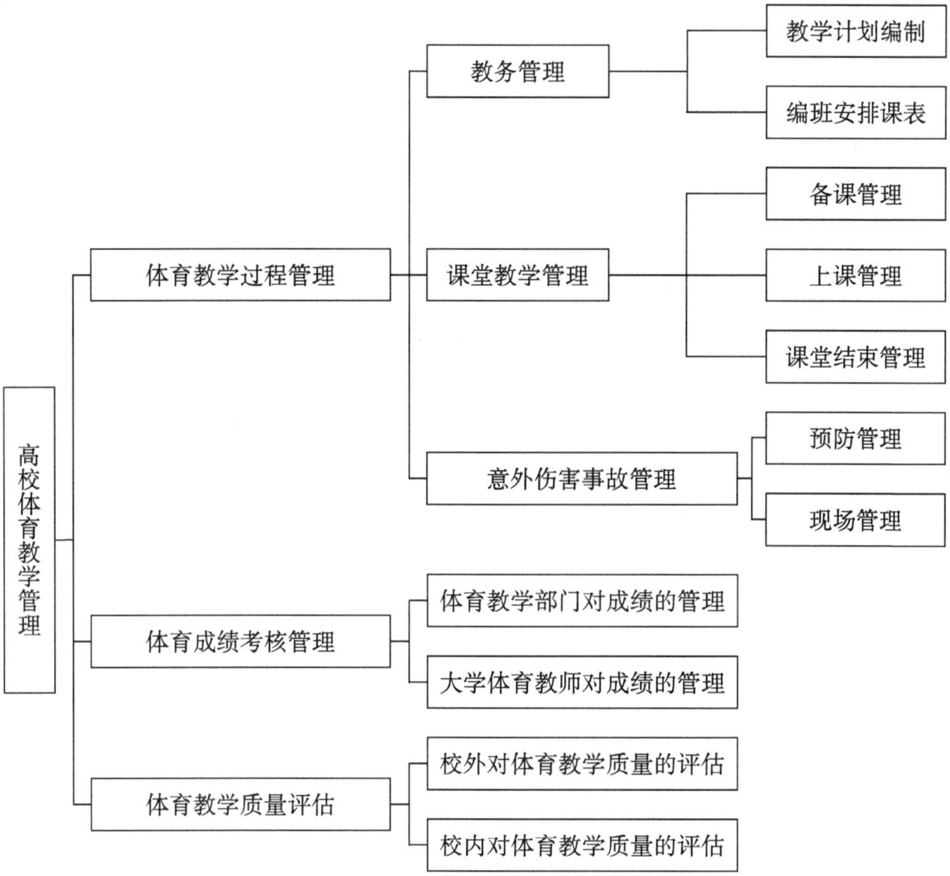

图4-1　高校体育教学管理的内容

（1）教务管理

教务管理既是课堂教学管理前的一项基础性工作，也是顺利开展课堂教学工作的前期保障。它的具体内容包括制定课堂常规、编班、安排课表、分配教师任务等工作。制度化、规范化的课堂常规是保持良好课堂教学秩序的前提，也是保障课堂教学顺利进行的必要条件。编班、安排课表、分配教师任务等工作对能否顺利开展课堂教学工作起着重要作用。

（2）课堂教学管理

课堂教学管理包括备课管理、上课管理和课堂结束管理。备课是上好课的前提，也是提高教师业务水平的学习过程。备课管理就是管理者对教师提出具体的备课要求，并定期或者不定期地进行检查与评比，确保教师在课前认真备课，为顺利完成课堂教学做好准备。上课管理是指管理者要为教师创造良好的教学环境，对课堂教学提出一定的要求，并经常深入课堂听课，加强对课堂的检查和督导。课堂结束管理，是指要求教师做到按时下课，并对本次课进行小结、安排课后作业、组织学生整理场地、收交器材，同时提出下次课的任务。

（3）意外伤害事故管理

学校体育意外伤害事故是指在学校体育教育教学活动期间发生的学生人身伤害或者死亡事故。由于体育教学多数是在户外进行，尤其是同场对抗类和格斗类项目更易造成意外伤害事故。对此，首先要树立“安全第一、预防为主”的意识。学校应当根据国家和地方政府等的有关规定，加大投入和管理力度，确保体育教学设施符合安全标准，并定期对其进行检查和修缮。其次，要做好发生意外伤害事故的现场处理及管理，一是要正确判断伤害事故的性质并做好现场急救或者送医院诊治；二是重大意外伤害事故应及时通知学生家长、班主任、学校领导和当地派出所等有关部门，并填写发生伤害事故报告，说明事故发生的时间、地点、原因、后果与处理措施等，必要时应提供人证和物证。如果发生意外死亡等重大伤害事故，最好请当地法医做鉴定报告。

2. 高校体育课成绩考核管理

体育课成绩的考核是体育教学过程的重要组成部分，考核工作是否科学合理，将直接影响教学效果的优劣，故高校体育课成绩考核管理也是高校体育教学管理的主要内容之一。它分为高校体育教学部对成绩考核的管理和体育教师对成绩考核的管理两部分。

（1）高校体育教学部门对成绩考核的管理

主要是根据高校体育教学计划和教学大纲的有关规定，结合本校学生的实际情况确定体育课考核的内容，制定考核标准与评价方法，审核各个班级体育课成绩，及时上报学校教务部门，建立学生体育课成绩档案，安排不及格学生的补考事宜。

（2）体育教师对成绩考核的管理

按照学校和体育教学部的有关要求，认真组织落实体育课成绩考核工作。

熟练掌握考核办法与标准，做到准确、公正、客观的测评，按照规定程序及时做好体育课成绩的登记、录入和上报工作，组织落实不及格学生的补考工作。

3. 高校体育教学质量评估

高校体育教学质量评估，是指根据一定的质量标准，去测评和判定体育教学质量状况及其优劣程度。它可以分为两大类，即校内评估和校外评估。校内评估是指学校的自我评估，其目的是通过评估，客观地了解本校体育课堂教学的实际状况，为进一步改进教学方法、提高教学质量提供反馈信息，也为学校管理者在改进和提高体育教学管理水平决策时提供依据，这类评估可以一年进行一次。校外评估是指由上级部门或兄弟院校组成的评估组的评估，它的目的主要是了解各校的体育教学状况，发现突出问题和共性问题，进而采取措施解决问题，取长补短、互相学习，推进各校体育教学工作的发展。

二、高校体育教学管理存在问题分析

1. 管理理念滞后，目标定位不准确

教学质量管理理念对于稳定教学秩序和提高教学质量具有指导和统帅作用。教学管理的目的就是要为学生、教师和教学服务，教学管理的各个部门只有为学生、教师和教学提供最佳的服务，才能稳定教学秩序和保障教学质量。目前我国高校体育教学管理理念还存在管理理念滞后、目标定位不准确的弊端，导致教学质量管理的效率偏低，影响高校体育教学质量的提升，进而阻碍高校体育教育的发展。尤其是分数，既是考察教师课程教学质量的重要指标，又是评定学生学习成绩的重要依据。可是，在我国高校体育教学管理中，分数管理的弊端盛行。在这里分数被绝对化了，高校体育教学质量管理的价值取向被分数管理观念严重扭曲了，致使高校体育教学工作被蒙上了强烈的功利色彩，造成教学质量管理的低效。

2. 管理体系不健全，评价和监控体系运转不畅

目前，我国高校的体育教学质量管理体系普遍不够健全，尤其缺少行之有效、科学的教学质量管理评价和监控体系，难以充分发挥教学质量评价和监控的作用。评价和监控对体育教学工作具有诊断、促进、规范、导向和反馈等作

用，它对于教学工作的改进和教学质量的提升具有重要价值。另外，由于许多体育教学工作具有较大的伸缩性，仅凭数量是无法客观反映工作质量的，如体育教学的社会效益、协作精神和服务质量都是很难量化的。所以，在不够健全的高校体育教学管理体系的指导下，只以定量的标准来评价体育教师的绩效就会有失公平与公正，这无疑会影响教师工作的积极性，进而影响教学质量。

3. 管理队伍不稳定，管理水平待提高

随着我国高校教育事业的发展，教学管理人员的整体素质有了很大程度的提高，但对于高校的发展要求而言，教学管理队伍建设还存在较多问题。如管理队伍不稳定就是一个很重要的问题，因为在我国高校体育教学管理队伍中，有相当多的一部分人不是专职管理者，他们还承担着教学任务，他们的管理理论和专业知识显然不足，同时也缺乏足够的时间和精力进行管理工作，这势必会影响到管理的质量。另外，由于有些决策层的管理者对于教学质量管理工作的重要性认识不到位，加上经费有限，使高校教学管理队伍建设严重滞后于专业教师队伍建设，从而影响高校体育教学管理水平的提高。

4. 选项课的教学模式，加大了课堂教学管理的难度

按照教育部2002年颁布的《全国普通高等学校体育课程教学指导纲要》的精神，目前我国高校普遍采用三自主的体育课程模式。该模式按照学生选报项目重新编排了教学班级，打破了原有的行政教学班授课形式，使得体育选项课教学班的组成情况变得复杂。一个教学班里的30个学生，往往来自多个不同专业的行政班，少则来自6～9个行政班，有的多达10～15个行政班甚至更多。这对教学班学生之间的人际交往、良好班风的形成等都造成了很大影响，也加大了课堂教学管理的难度。由于学生之间的平时交往较少，致使冷漠与不合作的课堂现象时有发生，进而影响课堂分组教学的有效实施。另外，由于学业要求，这些来自不同专业的学生，每学期都要进行不同时段、不同持续时间的集中实训，使得班级里同学之间实际参加体育教学的学时不均等，教学设计也难以从整体把握，致使学生运动技术、技能掌握程度参差不齐。而一个行政班的学生被分到了不同的体育专项班之后，由于不同专项的考核内容、考核方式和评分标准的差异，对选择不同项目的学生的学习考核评价就会有失公平。而最后的体育课成绩又是衡量一个学生是否全面发展以及评优评先和获得奖学金的重要依据，这也增加了体育教学管理的难度。

5. 课外活动管理机制不完善，不利于学生锻炼习惯的养成

高校体育教学管理还存在一个不容忽视的问题，就是缺乏有序的课外活动管理机制。具体表现在，由于管理机制不完善，没有严密的组织和明确的目标，也没有考虑到学生的需要与学科发展的需要，致使许多高校的课外体育活动形同虚设，多数处于一种无序的、随意的状态，不利于学生兴趣的养成及终身体育锻炼习惯的培养，也不利于课外和校外体育资源的开发。

三、加强高校体育教学管理的对策

1. 更新管理理念，提高管理人员的综合素质

管理理念对管理工作起着导向作用，只有合理的管理理念才能取得有价值的管理效果。发达国家已提出“生命第一，健康第二，教学第三”的教育理念，应引起我们的深思。管理工作要跟上时代的步伐，就得从根本上转变固有的思维定式，实现管理理念的突破与创新。一流的教学质量靠的是一流的教学管理，而一流的教学管理要有高素质的管理人员来实施。在教学管理的诸多要素中，人是核心要素，而人的积极性则是科学管理的动力之源。只有充分调动管理人员的主动性、积极性和创造性，才能充分保证教学管理目标的实现[①]。所以，要加强高校体育管理工作，提高体育教学质量，就要努力提高管理人员的综合素质，提高他们的服务意识，鼓励、支持他们不断学习，不断提高他们的管理水平，并使之由经验管理上升到科学管理的高度。

①周遵琴．高校体育教学改革与发展［M］．成都：电子科技大学出版社，2015.

2. 结合教学实际，遵循教学规律和教学原则进行管理

对高校体育教学实行管理，既要遵循体育教学的基本规律，也要遵循高校教学管理的原则。对高校体育选项课的课程安排、教学内容与方法的选择等，既要考虑是否符合学生的年龄、性别、身体发展水平、体育基础知识技能等特点，又要考虑教师的教学能力与专长、学校的体育场地设施、器材以及当地季节气候特点等实际情况，充分调动教师和学生的主动性和积极性，以便于教学工作的顺利开展。

3. 民主与集中相结合，实施课内外全学分制管理

为改变高校体育课外活动流于形式的现状，完善高校体育教学管理机制，建议考虑民主与集中相结合，实施课内外全学分制体育教学管理。具体做法是，取得学校相关部门的支持与配合，对学生的体育课内、课外（俱乐部、协会、课余锻炼）全部实行学分制管理，规定学生在完成体育必修课学分外，还必须获得若干体育类的选修学分，上不封顶，鼓励学生多拿体育学分。为了加强竞争机制，对课外俱乐部和教学俱乐部采用“末位淘汰制”。为改变学生课外锻炼的无序状态，也必须采取相应的管理措施，可以借鉴北航的“体能锻炼走廊”，对学生每一学期必须锻炼的次数提出具体要求，并由专人负责考勤，完成者获相应学分，体现民主与集中相结合、兴趣与强制相结合的特点，切实提高学生的体能与健康水平。

4. 引进现代化的管理手段，提高教学管理质量

高校体育教学管理的最终目的是提高教学质量，为实现高校体育教育的总目标服务。要优化高校体育教学管理，就必须依靠科技的力量，采用现代化的管理方法与手段，革新现行的教学管理模式。目前，比较先进的高校体育教学管理手段，是将ISO 9000标准引入其中。ISO 9000标准是国际标准化组织制定的关于质量管理和质量保证体系方面的标准，它最初应用于制造业，但很快被证明同样适用于很多其他行业。根据国际认可论坛（IAF）对行业的分类，适合该标准的行业已达39类，其中，教育被列为第37类。截至2000年，全球通过了ISO 9000质量管理体系认证的高等学校和教育机构数量在北美洲有139所，欧洲有263所，亚洲有123所，其中包括哈佛、剑桥、牛津等名牌大学。目前，我国也已有近百所高等学校通过了ISO 9000质量管理体系认证，而且高校体育教学管理引入ISO 9000质量管理体系，已成为提高高校体育教学服务质量的有效措施。赵子建博士的研究认为，运用ISO 9000标准建立的高等体育院校教育质量管理体系，能够树立系统思想的管理观念，改善教育管理体制，实现教育质量管理的全员性、全面性以及持续改进与提高，使教育管理工作科学化、规范化、制度化和法制化，保障高等体育院校各项教育工作的有效落实，提升高等体育院校教育管理质量。可见，运用ISO 9000标准建立高校体育教学质量管理体系，是一个值得进一步研究与推广的课题。

第二节　高校体育教学管理工作内容

一、人力资源管理

（一）体育教学人力资源管理的概念与内容

1. 体育教学人力资源管理的概念

体育教学人力资源有广义与狭义之分，具体分析如下。

广义的体育教学人力资源是指体育教学系统内部和外部所有能够推动体育教学发展的智力劳动者和体力劳动者的劳动力总和。根据上述定义可以看出，劳动能力包含着很多内容，如体育知识、体育相关经验、体育技术和战术、体育技能、智慧、体育教学管理思想、体能、体质、认知、意志力等。由于人的劳动能力与人是一个密不可分、紧密相连的整体，因此，可以将广义的体育教学人力资源理解为：是体育教学系统内部和外部所有能够推动体育教学发展的从事智力劳动和体力劳动的人的总称。

狭义的体育教学人力资源是指体育教学系统内所有接受过专业的体育教育培养或接受过体育运动训练和培养的能够推动体育教学发展的体育专业人员的劳动能力的总称。也可以将狭义的体育教学人力资源理解为：是体育教学系统内所有接受过专业体育教育培养或接受过专门的体育运动训练和培训的能够推动体育教学发展的体育专业人员的总称。

体育教学人力资源主要指的是狭义上的体育教学人力资源管理。

2. 体育教学人力资源管理的内容

从人力资源类型来看，体育教学人力资源管理主要包括以下几个方面的内容。

①现实高校体育教学人力资源：现实高校体育教学人力资源是指正在投入到劳动过程中的，并对高校体育教学的发展产生贡献的劳动能力，如在职的高校体育教师、教练员、裁判员、体育科研人员、体育管理人员、社会体育指导员、体育经纪人等。

②潜在高校体育教学人力资源：潜在的高校体育教学人力资源是指由于受

到某些原因的限制而不能直接地参加特定的劳动，需要经过人力资源的开发等过程才能形成劳动能力，如就读于高校体育专业的学生等。

③闲置高校体育教学人力资源：所谓闲置高校体育教学人力资源是指“求业人口”或“待业人口”的劳动能力，如退役后等待安置的运动员，下岗后等待安置的教练员、裁判员、体育师资等。

从体育教学人力资源管理范畴来看，体育教学人力资源管理主要包括以下几个方面的内容。

①人员职务分析与设计：要对高校体育教学组织内的各个岗位进行详细的调查与分析，主要调查的内容为岗位的性质与结构、工作责任与流程以及任职人员的基本素质、知识与技能等，对这些情况进行了解之后，再编写出相应的人事管理文件，如职务说明书、岗位规范等。

②人员激励：人员激励，是通过采用激励方法和理论，不同程度地满足或限制员工的各种需求，使员工的心理状况产生相应的变化，从而激发员工更加努力地实现体育教学组织所期望的目标。

③人员考核：对员工的绩效考评有两个主要依据，一是其在一定时间内对高校体育教学贡献的多少，二是其在工作中所取得的成绩。考核后要将考核信息与结果及时向员工反馈，进而促进员工工作绩效的改善与提高，同时也为做出人事决策（如员工的计酬、培训和晋升等）提供相应的依据。

④人员职业规划：具体规划内容包括两方面：一方面是分析高校体育教学人力资源现状；另一方面是预测未来人员供需与平衡，通过规划保证高校体育教学组织能够在需要的时候获得所需要的人力资源。

⑤人员培训与开发：通过对员工个人或群体进行相应的培训，提高员工的能力、知识、工作绩效和工作态度，进而对员工的智力潜能进行开发，从而增强体育教学人力资源的贡献率。

⑥人员与组织劳动关系管理：对体育教学组织与员工之间的劳动关系进行合理的协调与改善，并营造出良好的工作氛围与和谐的劳动关系，从而为体育教学活动的正常开展提供保障。

（二）体育教学人力资源管理的原则与要求

1. 体育教学人力资源管理的原则

（1）目标原则

体育教学人力资源管理的目标原则是指对于人力资源管理，必须有明确的管理目标。明确的目标是进行人才管理的必要条件，因此在体育教学人力资源管理中，在重视实现组织目标的同时，也要对员工个人的发展给予高度重视。总的来说，就是要注重组织目标与个人目标的全面发展与实现。

（2）系统原则

体育教学人力资源管理的系统原则是从整体的观点出发，统揽全局，对人力资源系统结构进行把握，深入分析其能级，并且对其变化进行跟踪。与此同时，还要不断地对其进行调节、反馈，控制好方向，从而保证管理目标的顺利实现。

（3）激励原则

体育教学人力资源管理的激励原则是指在体育教学人力资源管理中，通过运用相应的政策手段，对体育人才的工作积极性和创造热情进行有效的激励，并且通过适当的手段对他们做出的成绩与贡献给予适当的奖励。一般的，有很多种对人才积极性进行激励的方法，当前较为常用的方法主要有奖励激励、榜样激励、关怀激励、支持激励、目标激励、领导行为激励、竞赛激励等。需要注意的是，这些激励的手段和方法要根据实际情况和需要有针对性地进行选择和运用。

（4）互补原则

体育教学人力资源管理的互补原则是指通过体育教学人力资源管理上的互补，能够充分发挥出体育教学人力资源的整体效益。人员互补包括很多方面，如能力互补、知识互补、气质互补、年龄互补等。

（5）能级原则

体育教学人力资源管理的能级原则是根据体育教学人力资源的才能来对其所从事的具体工作进行安排，授予其相应的工作职权，并对其所要承担的责任进行明确，从而使人的才能适应其所从事的工作岗位的要求。以人的职称、学位等为主要依据将其安排到合适的岗位上，能够使各个岗位人员的能级水平尽可能地规范化和标准化，从而达到人尽其才、物尽其用的目的，最终取得效率最优化的效果。

2. 体育教学人力资源管理的要求

在体育教学人力资源管理活动中，除了要遵循一定的原则外，还要做到相应的一些要求，只有这样，才能够取得理想的管理效果。具体来说，应该做到的体育教学人力资源管理的要求有以下几点。

（1）为职择人

为职择人，要求人员聘用符合岗位需求，就是要求在体育管理活动中，要以体育事业的需要为主要依据来设置相应的体育管理机构，并且以此为依据将各岗位职责规范制定出来，然后按岗位选配合适的人才。

为职择人可以有效避免“关系户”的存在，从而改变传统体育管理部门机构臃肿、人浮于事、职责不明、效率低下的弊端。

（2）用当其人

不同的人才各有所长，也各有所短，因此，必须要用当其人。体育教学人力资源会在个性、特长、智力、知识、技术、能力等方面存在差异，鉴于此，这就要求在使用各种人时，必须做到用人之长，避人之短。同时，由于每一个人的一生中其能力都会出现一定的最佳时期，一个人能否及时发挥并经常得以运用在很大程度上决定着其才能储存时间的长短。因此，这就要求在体育管理中必须抓住人的最佳时期，并且使人的最大作用得到积极的发挥和利用。

（3）任人唯贤

所谓的任人唯贤，就是对体育人才进行选择和使用时，要根据人的水平、能力大小、技能水平等来进行择优选拔和使用，要杜绝任人唯亲的现象出现。

（4）用人不疑

用人不疑要求在使用体育人才时，要对所选择和使用的人才给予充分的信任，并且积极听取其意见，尊重其行动，尊重其成果，从而创造出良好的尊重人才，信任人才的环境，进而达到充分发挥其工作积极性和主动性的目的。

（三）体育教学人力资源的配置

1. 体育教学人力资源配置的概念

体育教学人力资源的配置是指高校体育人力资源在部门及各种不同使用方向上的分配，并根据一定的经济或产出目标，实现人、财、物、时间、信息等要素的有机结合和充分发挥，从而获得最佳效率和最大产出的动态进程。具体来说，体育教学人力资源的配置可分为三个层次，即微观层次的体育教学人力资源配置、宏观层次的体育教学人力资源配置、个体的体育教学人力资源配置。

①微观层次的体育教学人力资源配置　具体发生在微观单位，是资源供求双方的行为共同完成。它是在既定的条件下通过进行体育教学人力资源分配，使某个部门更好地组织和利用这些资源，并尽可能地将其作用得到最大程度的发挥。

②宏观层次的体育教学人力资源配置　在体育教学不同部门之间进行人力资源的分配，要求使体育教学人力资源在最适宜的使用方向上得到有效的配置。

③个体体育教学人力资源配置　体育教学人力资源主动选择自己工作岗位的行为，它是体育教学人力资源进行自我选择的体现。

2. 体育教学人力资源配置的内容

（1）地区配置

地区配置是对体育教学人力资源的一种宏观配置，是在一个地区体育教学人口和体育教学人力资源现状的基础上，根据该地区的资源状况和高校体育发展规划，通过地区间体育教学人力资源的迁移以及不同地区间的体育教学人力资源政策的调节来实现的。体育教学人力资源的地区配置要有利于各地区的高校体育发展，使各地区所具有的资源优势得到充分的发挥，在保留各地区特色的基础上实现各地区的均衡化发展。

（2）领域配置

体育教学发展的领域包括多个方面，主要有学校体育领域、竞技体育领域、大众体育领域和体育产业领域。体育教学人力资源的配置必须要将重点领域作为主要发展目标。根据领域的联系，即投入与产出中各领域之间的关系进行综合平衡后予以确定。体育教学人力资源的领域配置应该根据我国的国情和我国体育教学的发展，对体育教学人力资源的投向进行准确把握，保证重点发展领域的体育教学人力资源供给，同时还要对一般领域进行兼顾。对各领域间的体育教学人力资源规程、比例、机构等进行合理的规划，从而使体育教学人力资源的领域配置达到最佳的效益。

（3）职业配置

职业配置在体育教学人力资源中有着非常重要的作用，它是对体育教学人力资源质的规定性的直观反映。从体育教学人力资源质的规定性来看，其差别主要表现在水平等级和职业种类两个方面。在进行体育教学人力资源的职业配置时，首先要从水平等级和职业种类两个方面进行区分，然后根据各个职业岗位的具体需求来分别将相应水平等级和职业种类的人力资源投入其中，从而使其达到最优结合。另外，还要对可能条件下的职业替代进行考虑，以此来弥补一些职业的供不应求现象。对职业需求进行科学的预测是实现体育教学人力资源合理配置的根本方法。根据预测的结果来合理安排各级各类的教育教学规划，对各类体育人力资源进行适时和适量的培养，从而使各种职业岗位的需求得到很好的满足。

（4）运动项目配置

运动项目配置是当前各级学校实现体育人力资源（主要指教师）的最主要形式，体育教学是由众多的体育运动项目所构成，所以体育教学人力资源的配置应包括运动项目的人力资源配置。在进行运动项目人力资源配置时，要注意和重视梯队的合理性，如职称结构、年龄结构、人员结构等，要尽量避免运动项目可能出现的人才过分集中所导致的人力资源匮乏现象。

二、体育教学物力资源管理

（一）体育教学物力资源管理的概念

物力资源（Material resource）一词首先是在对经济资源概念的论述中提出来的，要想更好地论述和了解物力资源，首先要先认识一下经济资源。所谓的经济资源（Economic resource）是指一国或一定地区内拥有的各种物质要素（包括物力、财力、人力等）的总称。通常情况下，可以将经济资源大致分为两大类，一类是包括水、空气、阳光、动物、森林、土地、草原、矿藏等在内的物力资源，另一类是包含信息资源、人力资源以及经过劳动创造的各种物质财富的社会资源。物力资源是指人类社会经济活动用以依托的客观存在物。作为人类社会生存和发展的基础，物质资源的任何形态，来源、特征、用途等都不可能对其这一根本属性有所改变，只能立足于最初由自然界所提供的物力资源。

一般认为，所谓的高校体育教学物力资源，简而言之就是用于高校体育教学活动及其相关方面的客观存在的各种资源。高校体育教学物力资源是指在高校体育教学中，管理者通过一定的方式来将高校体育教学物力资源进行整合，从而实现高校体育教学目标的活动。换言之，高校体育教学物力资源管理就是在开展高校体育教学活动过程中，对所用到的物质资料（场地、器材、设备、场馆等）进行协调，从而达到顺利开展高校体育教学活动目标的活动过程。

（二）体育教学物力资源管理的要求

1. 体育场馆资源管理要求

体育场馆的管理既是体育教学物力资源管理的一项基本工作，也是非常重要的一项工作。高校体育课程教学工作的顺利进行，与体育场馆有着较为密切的联系。因此，一定要重视体育场馆的管理，并且将这一工作切实做好。具体来说，应该做到以下几个方面的要求。

（1）功能齐全，搭配合理

为了保障课堂教学、活动和训练的正常进行，体育场馆的功能必须要使教学需求得到满足，并且要搭配合理，专馆专用。其中，高校中普遍开展的体育课程要保证优先进行，这类体育课程主要包括田径、篮球、排球、足球、羽毛球、乒乓球、武术、健美操、游泳、体操等。

（2）卫生整洁，环境优雅

高校中体育场馆的主要功能是使师生体育活动的需求得到满足，保障师生身心健康。因此，必须做到整洁、安全、环境优雅。具体来说，对体育场馆的要求主要表现为：不得在体育场地周围2米以内设置障碍物；大型器材应固定摆放；定期检查维护器材；保持体育器材和场馆地面的卫生，定期进行消毒和保洁。

（3）器材摆放，秩序井然

体育场馆内体育器材的摆放应该做到分门别类，秩序井然，以使用频率为主要依据对其进行分类。为了便于教学活动的进行，通常情况下，经常使用的大型器材固定位置摆放，小型器材定点存放。需要注意的是，不需要经常使用的器材禁止在场内随意摆放，必须收进保管室妥善放置。

（4）环境安静，不影响上课

体育环境的管理包括两个方面：一个是体育场馆内部的管理，另一个则是体育场馆的外部管理。对体育环境产生影响的外部因素较多，如他人的走动或观望等，体育教师应正确对待和处理这些因素，保证良好的体育环境。

（5）制度健全，责任分明

由于体育场馆中的很多工作都是周而复始的，比如保洁人员每天的工作都是打扫同一个地方，收拾同一件物品；管理人员有时会检查同一批器材，巡视同一个地方。因此，体育场馆的管理是一项长期、细致、艰巨的工作，需要制度化，施行责任制。众所周知，简单工作的单调重复，往往会让人产生枯燥的感觉，也比较容易产生视觉疲劳、精神疲惫，使人对工作失去激情，造成工作质量缩水、效率低下。因此，对工作进行制度化、常规化管理，施行岗位责任制是非常重要且必要的。鉴于此，通常可以采用周期安排的方法，一周或一月为一周期。以事情的轻重缓急为主要依据，均匀地安排在一个周期内，以便于在保证工作不单调的同时又能把需要做的事都做完。把工作的质量以制度的形式规定下来，循规办事，就可以保证工作的正常进行，同时，这也便于工作人员的操作和管理人员的检查。

2. 体育器材资源管理要求

不同体育器材需要不同的存放环境，并需要定期保养，可以说体育器材的管理是一项非常烦琐的工作。这就要求高校体育器材的管理工作在操作上要程序化、制度化，具体来说，应该从以下几个方面入手。

（1）分门别类地放置体育器材

在放置体育器材时，要根据相应的标准分门别类。通常情况下，可以按照使用频率、材质、形状等分别放置，如篮球、排球，足球、标枪、横杆、铅球等要上架，服装、小件器材要入柜，羽毛球拍、网球拍等要悬挂整齐。

（2）外借体育器材手续应齐全

①以教学规律按时、按项目、按量把器材提供给任课教师，不可以随意外借器材。

②体育教师要根据教学的需要填写器材申请单，学生凭体育教师签名的申请单到器材室领取器材。

③由课外活动时间使用体育器材的部门提出申请，经体育部负责人批准，

方能借出，并要在使用完后立刻归还。

④当面点数检验外借器材，做到如数、完整、完好。

⑤当面检验回收器材时，一次性地放回原来的位置，严禁随意堆放。

（3）保持体育器材室的清洁

体育器材室内应该随时保持整洁的状态。卫生工作的频率通常为每天一小扫，每周一中扫，每月一大扫。在进行卫生工作时，要求做到每个角落都要仔细清理，经常保持一个优美舒适的工作环境，通风条件要好，减少细菌的传播，以使师生的身体健康得到有效的保证。

（4）器材管理员在上课期间要坚守岗位

器材管理员要有计划、按部就班地进行和完成每天的工作任务。一般来说，上课前要做好卫生、整理场地器材、给球充气等方面的工作；上课期间，器材管理员要随时准备应付如天气变化、任课教师改变计划、器材损坏等突发事件，以使教学秩序正常、有序地进行，切忌擅离职守。

（三）体育场馆的管理

体育场馆是学校进行体育教学、活动、训练的专用场所，为了充分利用体育场馆为学生服务，并使体育场馆能安全、健康、高效的使用，特别制定了关于体育场馆的一些管理制度，具体表现为以下几点。

1. 体育场馆的开放时间

制定体育场馆上课时间时要以学校的上课制度为依据，通常是上午8:00—12:00，下午2:30—4:00。

通常情况下，体育场馆课外活动时间为学校放学或者下课时间段，一般在下午4:30—晚上9:30。

2. 体育场馆的使用规定

在使用体育场馆时，为保证体育场馆的良好环境和体育课的顺利进行，要遵守以下几个方面的规定。

①必须遵守体育馆开放时间的安排。上课时间，非上体育课的学生不得擅自进馆活动，闭馆时要自觉离开体育场馆。

②在课外活动时间，体育场馆优先为校代表队提供训练比赛场所，其他场地可以对外开放。

③未经允许，不得随意变更体育场馆中各个教室的工作用途。

④未经许可，不得随意拆卸和挪用体育场馆内的器材。

⑤满足体育课的教学和课外体育活动的需要是体育场馆的首要任务，未经许可不得将体育场馆挪为他用。

⑥必须按规定着装进入体育场馆，不按规定着装参与体育课或者体育训练者要给予一定的警告。

⑦在馆内上体育课时严禁大声喧哗，以免对其他学生上课产生影响。随身携带的物品应放在适当的地方，不得悬挂在体育器械上，如衣物和饰品等。

⑧体育场馆内严禁用脚踢球，以避免对馆内人员和器械造成伤害。

⑨在体育场馆内严禁随地吐痰、乱扔果皮纸屑，要养成随手带走垃圾或者扔入垃圾桶的好习惯，以保持体育场馆内良好的卫生情况。

⑩贵重物品一般不建议带入馆内，要随身携带也要妥善保管，丢失概不负责。

⑪校外单位使用学校体育运动场地，要事先向学校提出申请，经批准履行手续后才能使用，否则不允许进入体育场馆。

⑫如有违反上述中的任一条例，工作人员可给予相应的处罚。

3. 体育教室的使用管理

（1）乒乓球室管理

乒乓球室是从事乒乓球运动的专用场地。针对乒乓球室制定的管理制度能够使师生乒乓球课和业余乒乓活动的正常使用得到有力的保证。具体的规定包含以下几个方面。

①进乒乓球室必须按规定着装，不许穿不适合乒乓球运动的鞋参加活动。

②不许用手和球拍敲打球台。

③乒乓球台和网架上不许堆放或悬挂衣物、帽子等物品。

④不许利用乒乓球进行赌博等非法活动。

⑤不许坐或站在球台上，或在室内任意攀爬、打闹。

⑥不许随地吐痰、乱扔果皮纸屑，保证室内清洁。

⑦遵守体育馆开放时间，到时自觉离馆。

⑧违反以上制度者须进行惩罚。

（2）武术教室管理

武术教室的使用可以供搏击运动主要包括武术、散打、跆拳道、拳击等运动项目教学和训练使用。此类运动教室是从事武术运动的专用场所，针对武术教室制定的规定主要包括以下几个方面。

①②③④⑤未经许可，武术教室不得挪为他用。

②武术教室内的器材设备，未经许可不擅自动用。

③不许随地吐痰，不许乱扔果皮纸屑，保证室内清洁。

④随身携带物品，不许挂在器械上。

⑤进武术教室活动必须按规定穿鞋，不许穿不适合武术运动的鞋。

⑥随身携带的贵重物品，请本人妥善保管好，丢失概不负责。

⑦请遵守体育馆开放时间，到时自觉离馆。

⑧违反以上有关条款，对相关人员作罚款处理。

（3）健身教室管理

健身教室是从事身体健美的教学场所，一般设备和器械都比较昂贵，器械繁多，也有一定危险性。因此，这就需要制定相应的制度，来保护健身教室及其中的设备、器材。针对健身教室制定的管理制度主要包含以下几个方面的内容。

①不得擅自做主、盲目蛮干，必须服从体育教师的指导。

②必须按要求正确使用健身器材，避免损坏器材、造成伤害事故。

③器械使用后不许乱放乱扔，要放回原处。

④随身携带物品请放在适当的地方，不许放在器械上。

⑤随身携带的贵重物品请妥善保管，丢失概不负责。

⑥不许随地吐痰，不许乱扔果皮纸屑，保证室内清洁。

⑦请遵守体育馆开放时间，闭馆自觉离开。

⑧违反以上任何一条，对有关人员视情况处理。

（4）健美操教室管理

健美操教室是进行健美操活动的专用场所，针对健美操教室制定的管理制度主要有以下几个方面的规定。

①未经允许，健美操教室不得挪为他用。

②不许破坏室内公共设施，损坏照价赔偿。

③进健美操教室运动不许大声喧哗，以免对其他人的活动产生影响。

④随身携带的物品请放在适当的地方，不许挂在器械上。

⑤不许随地吐痰，不许乱扔果皮纸屑。

⑥进健美操教室活动必须按规定穿鞋，穿不适合进行健美操活动的鞋不允许进入。

⑦请遵守体育馆开放时间，到时自觉离馆。

⑧违反以上任何一条，对有关人员酌情处理。

三、体育教材的管理

（一）体育教材管理的特点

目前，我国体育教材管理的问题较多，基础教育课程改革中遇到的很多问题，也与教材管理的问题有关。解决不好教材管理的问题，将直接影响课程改革的顺利发展。管理的特点主要特性表现在几个方面。

①系统性。管理对象是一个系统，包括人、财、物、时间、信息，因此管理就是对某一系统的管理。

②目的性。目的是管理活动必要的前提，它具有导向、激励、标准、依据、凝聚等作用。

③功能性。管理最基本的功能是决策、计划、组织和控制。

④结构性。表现为管理目标的结构性与管理机构的结构性。

⑤手段多样性。管理的实施必须借助机构权力、经济、人员、法律、信息等手段来进行直接或间接控制和影响。

⑥动态性。管理实践中总表现出决策计划、组织实施、检查监督、总结处理等环节的有机结合、有序运行、形成周期、渐次上升的动态活动过程。

⑦统一性。管理既是科学与艺术的有机统一，又是理论与实践的有机统一，也是科学与技术的有机结合。

体育教材管理的本质是教材管理部门为实现教材的科学化、合理化、制度化管理，遵循管理规律，依据管理原理（系统原理、人本原理、动态原理、效率原理），通过各种管理机构的权力、经济、人员、法律、信息等手段和方法，对各种体育教材甚至体育场地、器材、仪器等管理资源进行决策、计划、组织、协调、控制，从而使整个管理系统得以高速合理运转，达到最大功效的活动。

体育教材管理具有一般管理的特点：系统性、目的性、功能性、结构性、手段多样性、动态性、统一性，同时还具有自身的特点。主要表现在以下几个方面。

1. 体育教材设计的特殊性

第一，体育教材设计的原则。要有利于提高学生的运动技能。在基础教育阶段，要使学生打下良好的文化知识基础，就要注重基础知识的传授和提高学生的基础能力。在体育教学方面，要注重基本活动能力、正确体态的培育，发展相应的身体素质，也要注重动作技术的训练，最终达到提高运动技能的目的。运动技能是人们掌握运动技术的能力，在基础教育中，运动技能的学习和提高是非常必要的，而运动技能是必须在学习许多技术的过程中提高和改善的。从这个意义讲，技术本身不是目的，技能是最终的目的。

由于文明的发展，现代人需要用自己的动作和体力来完成的工作越来越少，这就导致了人类运动技能的退化。这是一种非常不幸的退化，最终丧失的不仅是人的运动技能，而且是具备运动技能的人。因此，体育教学必须看到自己所承担的人类文化学的责任，要有利于体育文化的继承。学校教育的重要目的之一是继承和传播文化，乃至创造文化。在基础教育阶段，学生在学校要学习文化知识和具有文化内涵的技术方法。体育教学也如此，必须学习多种运动技术。运动技术是那些能够充分发挥人的技能潜力的合理有效的方法。人们在探索它的合理、有效性的过程中投入了大量的劳动，包括教育实验、科学实验，不仅使运动技术的发展形成了一个系列（如急行跳高从跨越式、剪式、俯卧式到背越式的过程），而且使每一项技术形成了自己的动作规范，在比赛中还有详尽的规则。学生在学习这些技术的过程中，也就是在力求按照技术规范和规则完成动作时，受到了文化的熏陶，有效地发展了运动技能，同时也受到了规范行为的训练，有利于形成锻炼身体的习惯。

在选编体育教材时，也应考虑到如何养成学生锻炼身体的习惯，传授给他们一些对今后有用的健康生活的知识和锻炼身体的方法。鉴于目前中国社会体育的现状，在这方面确应选择一些便于个人操作、动用场地器材少的活动。有人主张扩大中国传统健身养生教材的比例，这是一个很好的愿望。然而中国武术的套路不易记忆，在教学中花费时间很多，成年后很容易遗忘，而气功、太极拳又不太适合青少年的身心特点，大多数人成年后，都需要接受体育的再教育。这是一个亟待研究的现实问题，要符合我国学校体育的实际。这些实际包括师资、场地器材、民族传统、文化心理等。任何一种理论若是脱离实际，都是不可取的，也是行不通的，包括体育教材理论。体育教材都是非常实际而具体的，就拿投掷教材来说，可作为教材的有投掷链球、标枪、铁饼、手榴弹、铅球、实心球、沙袋、石头、投充气球（篮球投篮、水球与手球射门）、艺术体操的抛接、投镖等。任何一个有实际教学经验的学校体育工作者，都不难从中挑选取出一项既包含文化技术内涵，又符合中国体育教学现状的，还有锻炼价值的、值得“教深教透”的教材。

要为学生未来的生活服务。一个人的生活，广义理解应该包括政治生活、社会生活、经济生活、精神文化生活等许多方面，狭义理解就是日常生活。基础教育应该针对前者而不是后者。

在基础教育阶段，主要解决基础知识和基本技术问题，不能希冀所学的每一知识和技术都能直接为“生活”服务，这里不能取实用主义的态度。早在19世纪末，在教育领域就出现过以美国杜威为首的实用主义教育。他们也试图用日常生活的活动编写一种新型的教材，经过实验，杜威本人也不得不承认：“要解决这个问题是非常困难的，我们并没有解决好，而且永远不能彻底解决。”中国在“文革”中也强调体育教材直接为军事和生产劳动服务，编创过一些类似锄头操、镰刀操、木枪操等体育教材，这无疑也是一个失败的尝试。学生的未来是千差万别的，在基础教育阶段只能让学生扎扎实实地吸收人类文化宝库中最宝贵的部分，使其获得掌握知识和技术的能力，才能真正地为他们的未来生活服务。

第二，体育教材设计的步骤和方法。教材设计的准备阶段一般可分为三步：第一步，领会课程标准的精神实质。通过学习和讨论，使全体研究人员统一教材设计思想，从实际出发，把握课程标准，为教材的整体构建奠定坚实的思想基础。第二步，分析现行教材。教材编写人员应以课程标准为准绳，以教材理论为指导，分头对现行教材进行深入的分析。分析现行教材的任务是：肯定优点，发现问题，分析原因，提出解决问题的办法或方案，研究本学科教材应具备的知识要素、技能要素、能力要素与品德要素。在此基础上，具体研究本科教材目标、教材内容与学习活动方式的组合问题，探讨并初步确定本科教材的体系。第三步，确定教材的总设计方案。这项工作应在有关领导小组或有关主管部门主持下，经过全体研究人员共同讨论来完成。

教材的编制阶段。教材编制主要包括材料的精选和教材内容的编排工作。选材工作是教材设计者根据本科标准和总体设计方案对某种教材内容进行细致研究和精心选择的工作。选材的基本要求是：筛选传统教材中有价值的材料，精选最新科学成果中基本材料，将两者有机地组织起来。所选取材料应突出体育课是身体活动课的特点。体育课程的教材一般要包括三种内容，即具有一定广度的基础知识、为培养一定技能与能力而选定的训练材料以及为培养一定思想品德而确定的教育材料。注意本科材料与其他科目的内在联系，以便密切配合，相得益彰。所选一系列材料要有一定的难度，其难度的确定和难点的分布要与学生“最近发展区”的实际可接受性相适应。

选取材料的方法是多样的，需要着重介绍的是调查法和判断法。为选取材料而进行的调查主要有社会调查和学校调查两种方式，调查的主旨在于了解社会政治、经济、文化的发展对学校教学内容的需求。这种社会调查可通过对有关部门和高一级学校的问卷调查与访问座谈来进行。这两种调查都必须事先设计调查方案，采取科学的调查程序，认真整理、统计和分析调查材料，最后写出调查报告。判断法是按照一定标准通过教材编者的判断来精选材料的方法。第一步，按照体育课程标准中的要求搜集典型的基本的素材。第二步，对所搜集的素材进行比较和分析。比较、分析的基本标准是：符合学生的需要和兴趣；具有较高的育人价值。在这两条标准中，第一条是主要的。第三步，对选材作出判断，从而确定应该入选和不该入选的素材。采用判断法选材时，教材设计者应充分听取同行专家和优秀教师的意见。

选定以后，应予以合理组织，以便于学生学习。合理组织材料有许多需要注意的地方，在组织课程内容时经常碰到的三对关系：纵向组织与横向组织、逻辑顺序与心理顺序、直线式与螺旋式。

教材的实验阶段。所编教材通过初审以后，须委托一些试点学校试教或交实验学校进行系统的实验。未经试教或实验的教材不能提交全国中小学教材审定委员会审定，更不能予以推广。这一阶段使用的基本方法就是实验法。在实验准备阶段，要提出理论假设，确定实验目的与实验重点，制定实验方案与评价方案，选定实验班与对比班，并培训试教教师，配置实验设备和实验工具。在教材实验阶段，要限制无关变量，认真操纵自变量，促进因变量向实验目标发展。为此，教材设计人员要着重深入一两个实验点，与实验班的任课教师密切配合，系统地进行观察、记录和测试，做好资料统计和资料分析；尤其要做好形成性评价工作，并根据形成性评价所发现的突出问题对教材实验工作及时予以调节。实验进行中，要写出阶段性的研究报告。实验结束时，应邀请有关专家对实验教材进行总结性评价，由评价人员撰写出教材实验的总结报告，将已经修订的教材报有关部门审定。

2. 体育教材内容的选择性

根据教材多样化原则，体育教材的内容在符合国家体育与健康课程标准的前提下，要体现出不同个性、不同体系、不同特点和不同风格。教科书是教师的教和学生的学的主要依据，对教学质量的提高起着重要的作用。所以，教科书的内容反映了国家的意志以及政治、经济、文化等要求。长期以来，我国的体育教材大多是围绕运动技术项目、提高身体素质或发展人体基本活动能力等内容来编写的，这是竞技体育思想的反映。过去把教科书作为教师教材的工具，教师只能按照教科书规定的内容进行教学，这不仅禁锢了教师的创造性，也抑制了学生的主动性。同时，传统的教科书内容繁、多、深、旧，忽视了学生的认知特点、兴趣特征，从而使体育教材成为学生最不喜欢阅读的课本之一。体育教材内容应充分体现体育课程的精神，极大地开发体育的功能，并呈现五个学习领域的内容，因为五个学习领域目标的整合充分体现了体育教学的总目标。教科书的内容加大了弹性和选择性，给教师和学生提供了自主选择的机会。同时，教科书提供了各种建议性和示范性的内容，便于学生和教师结合实际情况自主地选择。

3. 体育教材教学实践的重要性

实践性是体育教材的本质属性，体育教材不仅是科技的高度结合，而且是教学实践的经验总结。优秀的教材必须是二者的有机结合和高度统一。实践证明，单靠专家学者不一定能编写出适用的优秀教材，而反过来说，仅凭师生也编写不出优秀教材。因此，必须由专家学者、师生及研究人员与编辑共同参与编写，并且特别强调教学实践的重要性。因为教材是为师生教学而设计的，各种研究人员必须深入教学一线，接触实际，了解情况，以加强教材研制的定向性和针对性。

（二）体育教材的行政管理

前面已经提到，计划经济向市场经济过渡时期，由于市场经济是多元的经济，教材的管理体制由单一的集权制管理转变为统一指导下的多元管理体制。体育与健康标准中强调实行“一标多本”，要求我国认真实行国家教科书、地方教科书和学校教科书三级教材管理体制，即集权与分权相结合的体制。

1. 如何理解“一标多本”

教科书作为课程改革的重要载体，绝不是指在内容上多些什么或少些什么就体现了“一标多本”。国家提出“一标多本”是要求“多样化”，而不是“多本化”，也就是说，不能造成一个课程标准，多套教科书基本上是一个模式（相同的体系、相似的内容、一样的风格等）的现象。“多样化”是指教科书在符合国家课程标准精神的前提下，体现出不同的体系、不同的风格、不同的个性、不同的地区特色等。所以“多样化”与“多本化”是有本质区别的。编写教科书严禁照搬照抄等违反著作权法的行为，在今后的教科书审查中，对那些抄袭、改头换面的教科书将不予以审查，要求教科书在体现特色等方面下功夫，真正实现“一标多本”，真正使“一标多本”富有意义和价值。同时，还要认真实行国家教科书、地方教科书和学校教科书三级管理体制。

2. 教材的编写、发行与审定

《基础教育课程改革纲要（试行）》（以下简称《纲要》）第十三条规定：“完善基础教育教材管理制度，实现教材的高质量与多样化。实行国家基本要求指导下的教材多样化政策，鼓励有关机构、出版部门等依据国家课程标准组织编写中小学教材。建立教材编写的核准制度，教材编写者应根据教育部《关于中小学教材编写审定管理暂行办法》，向教育部申报，经资格核准通过后，方可编写。完善教材审查制度，除经教育部授权省级教材审查委员会外，按照国家课程标准编写的教材及跨省使用的地方课程教材须经全国中小学教材审查委员会审查；地方教材经省级教材审查委员会审查。教材实行编审分离。”《纲要》还指出，“改革中小学教材指定出版的方式和单一渠道发行的体制，严格遵循中小学教材版式的国家标准。教材的出版和发行试行公开竞标，国家免费提供的经济适用型教材实行政府采购，保证教材质量，降低价格。”

关于教材的审定工作，国务院主管部门2001年6月以中华人民共和国教育部令第11号的形式颁发了《中小学教材编写审定管理暂行办法》，其中第五章“教材的审定”中提出了11条规定，对教材审定的行政管理、职责、审定委员的组成、要求、任期、审定工作章程、审定原则、审定过程以及定期由教育行政部门对审定通过的教材进行评价等，作出了具体的规定。

随着教科书出版制度的改革，建立严密、公正、公开的教材审定制度是教材高质量的重要保证。中小学教材审查工作必须依据《中小学教材编写审定管理暂行办法》和《全国中小学教材审定委员会工作章程》，严格依法执行，以保证审查的公正性。2001年7月，《体育与健康》实验教材颁布以后，全国出现了很多版本。

《纲要》进一步强调："加强对教材使用的管理。教育主管部门定期向学校和社会公开经审查通过的中小学教材目录，并逐渐建立教材评价制度和在教育行政部门及专家指导下的教材选用制度。改革用行政手段指定使用教材的做法，严禁以不正当竞争手段推销教材。"教材的选用权应该逐步交还给校长和教师。目前我国教材市场尚未成熟和规范，由地方教育行政部门负责选择教材的现象仍普遍存在。为了防止出版社的不正当商业行为和地方保护主义，切实保障学生的权益，真正使学生从教材中获益，国家已经制定了有关规定，并将尽快建立有关教材选用的法规。

上述国家的这些规定和要求是实现教材高质量和多样化的重要保证。当前教育部为了保证高质量教科书的出版，实行了"一标多本"和严格的审查制度，教科书经严格审查通过后方可在实验地区进行试验。随着国家有关制度的不断完善和教材市场的不断规范，必将引入更强的竞争机制，从而在公平的竞争中提高教材的质量。但是，目前我国的教材市场还不规范，国家强调实行"一标多本"，而在有的地方，一省一本、一市一本的现象仍然存在，这很不利于教材的多样化和在公平竞争中提高教材质量。因此，国家有关教材的规定和制度正在逐步建立成熟的教材市场经济，培养一大批具有高素质的教科书编写队伍，形成一套公正、民主的教科书编写、审查、选用、出版、发行的法规体系。

（三）体育教材的内容管理

《纲要》第十二条规定："教材内容的选择应符合课程标准的要求，体现学生身心发展特点，反映社会、政治、经济、科技的发展需求；教材内容的组织应多样、生动，有利于学生探究，并提出观察、实验、操作、调查、讨论的建议。"从体育与健康教育课程的基本理念中可以总结出，体育教材的内容向健康第一、终身体育、趣味性、实用性多元化方向发展。

第一，确立"健康第一"的指导思想。《中共中央 国务院关于深化教育改革全面推进素质教育的决定》明确提出了学校教育要树立"健康第一"的思想，而《义务教育体育与健康课程标准》提出的五个学习领域目标的最终目的就是促进学生在身体、心理、社会等方面得到健康发展。因此，健康性原则就是要求在编写体育教材时真正落实"健康第一"的指导思想，全面理解《义务教育体育与健康课程标准》提出的五个学习领域目标和水平目标；根据不同年龄阶段学生身心发展的规律，注意不同水平阶段教科书内容之间的联系；教科书内容的选取要有利于学生了解和掌握体育与健康的有关知识和方法，并使学生懂得如何通过科学的体育锻炼来增进身体、心理和社会适应方面的健康。总之，体育教材编写的内容要把增进学生身、心、社会的全面健康发展作为最终目标。

第二，以培养学生终身体育意识为方向。体育教学改革，首先是体育教育思想上的变革。要着重学生终身体育能力的培养，使他们既学到全面的体育知识与技能，又能有一两项突出的、热爱的可以坚持终身的体育项目，培养学生终身喜爱体育的态度和能力、正确的体育观点和审美能力；培养学生独立锻炼和自我评价的能力、自我设计体育锻炼计划和自我组织与管理的能力、运用体育环境和条件的能力，在自我参与中，获得自我发展。培养体育意识和兴趣，养成运动习惯。运动兴趣的培养和锻炼习惯的养成往往是许多人坚持终身体育的第一动因。这就促使我们深刻地领悟到体育教学大纲中把运动兴趣的培养和运动习惯的养成作为体育教学的重要任务要求，具有深远的战略意义。所以，在学校体育期间，体育教师在指导和组织学生进行体育活动时，应注意充分地挖掘学生对运动的内在乐趣。无论是讲解、示范还是组织教学，都要集中学生的注意力，引起学生的兴趣，调动学生参与运动的积极性，让学生在运动中能充分表现出自己的运动才能，感受到参加运动对自己体质增强的实效，从而产生对体育运动的喜爱。培养体育意识，养成自觉锻炼习惯，已成为学校培养学生终身从事体育锻炼习惯兴趣和体育能力重要的目标。体育锻炼贵在有恒，提高对体育锻炼的认识，明确锻炼目的，提高锻炼自觉性，养成终身锻炼的习惯，有规律地生活，做到锻炼身体科学化、知识化、经常化。未来社会是信息全球化和生活节奏高频率的社会，人们工作生活上的压力也随之增大，会影响人们的身心健康。体育活动，特别是快乐体育能缓解这种压力，好的体育习惯更能缓解这种压力。因此，终生体育成为一种必要，终生体育意识的培养更成为一种必要。

第三，教学内容具有教育性。体育教材的内容首先要遵循教育性原则，即遵循《义务教育体育与健康课程标准》中提出的：“教材编写要贯彻国家的教育方针，有利于全面提高学生的素质，有利于对学生进行爱国主义、集体主义和社会主义教育”。这一原则是根据《纲要》中“课程改革目标”提出来的。《纲要》明确规定“基础教育课程改革要以邓小平同志关于‘教育要面向现代化、面向世界、面向未来’和江泽民同志‘三个代表’的重要思想为指导，全面贯彻党的教育方针，全面推进素质教育。要使学生具有爱国主义、集体主义精神，热爱社会主义，继承和发扬中华民族的优秀传统和革命传统；具有社会主义民主法制意识，遵守国家法律和社会公德；逐步形成正确的人生观、世界观和价值观；……具有健壮的体魄和良好的心理素质……”因此，体育与健康课程在全面贯彻《纲要》的培养目标方面具有其他课程不可替代的作用，特别是体育与健康课程对培养学生热爱集体、关心同学、遵守纪律、遵守规则、交流与合作、公平竞争意识、坚强的意志品质等方面都具有重要的作用。因此，体育教材要突出教育性原则，要使体育与健康课程在培养全面发展的人才方面发挥重要的作用。

第四，教材内容的兴趣性原则。《义务教育体育与健康课程标准》指出：“教材编写要面向全体学生，以学生为主体，依据不同年龄阶段学生身心发展的特征，充分考虑学生已有的经验，并从学生的兴趣出发，激发学生学习、表现的欲望，培养学生积极、主动的学习精神。”兴趣是学生自主认识、探究某种事物的心理倾向，它是由获得知识技能并在情感体验上得到满足而产生的。兴趣是学生最好的老师，学生对体育的兴趣是他们积极主动参与体育活动的内部动力。因此，体育教材的内容要强调兴趣性原则，要从学生的兴趣和爱好出发。在充分考虑学生已有运动知识和技能水平的基础上，无论是内容还是形式都充分关注学生的兴趣，吸引学生主动阅读和学习体育教材，使其成为他们的良师益友。因为体育教材有别于其他课程的教科书，即使其他课程的教科书编得不那么有趣，学生也必须去学。而体育教材如不能引发学生的兴趣，学生就不可能主动去学，毕竟体育教材主要是在教师指导下供学生在课余时间阅读的。

第五，教学内容的选择性。在此前不断加大选修教材比例的基础上，《义务教育体育与健康课程标准》彻底放弃了对具体教学内容的规定，而只是规定了学习内容选取的原则和范围，而且这个范围是开放的、动态的、发展的。具体学习内容的确定，则要由各地、各校根据体育与健康课程标准的精神和要求以及各方面的实际情况自行决定。这就使各地学校在实施时有了更大的自由度和更多的灵活性。

第六，循序渐进地学习运动项目。以学生的中小学阶段为例。在1～6年级，学生要学习的内容比较多，这一方面是因为这个阶段的学生需要进行全面锻炼，以促进身体的全面发育；另一方面是因为这个阶段的学生天性好动，多接触一些运动项目有利于他们对体育的全面了解，以培养对运动的广泛兴趣。到了7~9年级阶段，学生的兴趣开始趋于定向集中发展，即逐渐形成爱好。根据这个特点，学校可以按照内容标准中水平四的规定，根据各方面的条件和学生的兴趣，在每一类运动项目（如球类、田径等）中选择若干项目作为教学内容。10~12年级阶段，学生大多已经形成了不同的爱好或兴趣，学校应引导学生在学校确定的范围内，选择一两个项目作为重点学习的内容，以提高运动能力、发展爱好和培养习惯。这样，在7～12年级阶段，学生也逐步参与到了课程建设中来，学生可以在一定程度上选择适合自己需要的学习内容，这就有利于学生学习主体地位和体现的学习积极性的发挥。

第三节　高校体育教学的课程管理

一、高校体育课程管理体系的构建

（一）高校体育课程管理的基本原则

要搞好高校体育课程的管理工作，必须按课程活动和管理活动的规律办事。为此，高校的体育部在具体的课程管理活动中应遵循以下几个原则。

1. 以学生发展为基本原则

体育课程在本质上是为学生的发展服务的。因此，对体育课程的管理不能将手段目的化。素质教育要使每一个学生都能全面而主动地发展，高校体育课程管理就要时刻把学生的发展放在首位，最大限度地满足学生发展的需要。

2. 自主性原则

高校体课程管理是学校课程管理体系中的一个重要组成部分。依照课程管理中的权责分配，体育部要有主人公的责任感，积极地组织实施国家体育课程有关教学的指导纲要，自主地进行学校的体育课程的整体开发，实现权力与职责的统一。

3. 针对性原则

体育课程是学校实施素质教育的有机整体，但是体育课程与其他课程相比，有其不同的目标与价值。因此，高校体育课程的管理要根据自身的特点，在课程管理上应提出不同的要求，确保体育课程的优化实施。

4. 全员参与的原则

高校体育课程的管理需要各方面人员的共同参与。教师是课程实施与开发的主要力量，对课程的有效实施、学生的学习质量评定具有专业自主权。同时，教师对课程目标的实现、学生的发展承担主要责任，应该成为管理活动的主体。学生有权选择体育课程中的设置项目，有权对体育课程做出自己的评价，有权对自己所学的课程项目提出改进建议。因此，学生作为学习的主人，对体育课程管理也应有自身的主体地位。从某种意义上讲，所有与体育课程有利害关系的人均有参与课程管理的权利。一个良好的课程管理体系的建设，需要有各方面的人员广泛的参与。

5. 系统性原则

学校体育课程涉及教师、学生、教学实施和设备、教材，还与学校定位、培养目标和管理等有关，是一项系统工程。学校、职能部门、教研室和班级等所构成的多层次、纵横交叉的网络是一个完整的高校体育课程教学的管理系统。

（二）高校体育课程管理的主要内容

从高校体育课程活动的规律来看，课程的管理内容主要有以下几个方面。

①体育课程计划管理　主要是对课程设置、安排和课时规定方面的规划、决策和统筹安排等。

②体育课程标准管理　主要是对国家体育课程教学指导纲要及有关标准的解读，确定本校体育教育的培养目标和学生综合素质发展目标，以及确定具体的体育教学目标等。

③体育课程编制管理　主要是对实施的课程学年编制，制订教学计划并确定相应的学分、学时，编制教学日历和课时表等。

④体育课程实施管理　主要是对教学用书、教学参考资料、影像资料和多媒体教材的筛选和编写，各门课程教师的配备、教学活动的组织、教学常规工作的制定和检查，以及校内体育课外活动的组织和指导等。

⑤体育课程条件管理　主要包括对教学设施、设备及教学图书资料的配备、添置、保管、维修和更新，各种管理制度的建立、健全和执行、检查等。

⑥体育课程评价管理　主要是对国家体育课程教学指导纲要标准，以及体育教学大纲的实施评价、教材开发与使用的评价、教学评价、学生评价以及对教学管理的评价等。

（三）高校体育课程管理体系的基本框架

高校体育课程管理体系框架的构建，是基于学校对课程管理内容和任务而定的，并通过需要建立科学、有效地运用机制，充分发挥相应的职能活动，才能保证管理目标的达成。鉴于体育课程与学校行政管理和教学管理有着密切的联系，对体育课程管理的组织设计有两种思路：一种是在原有的体制中，增加或加强有关课程管理的职能；另一种是建立专门的课程管理机构。从当前各高校体育部内部机构设置的现状来看，课程管理的机构设置宜采取“虚”“实”结合的策略，即建立“课程评议委员会”，强化有关课程管理的职能，并进行经常性的检查。

课程评议委员会的主要职能是评议体育课程的教学大纲、培养目标、课程改制、课程标准；监督课程的实施；审查课程质量保证体系和评价的结果。

设置专门的课程管理办公室（小组），以保证体育部履行课程管理的权力和职能。其主要职能是计划、执行、检查、评估体育各门课程及各教研室的课程教学工作；组织校内课程的开发，编定各种课程目标，筛选与编写相关教材，开展课程评价活动等；组织协调各教研室的各项工作的关系，落实各项课程管理措施。

成立课程评价组。课程评价既是课程建设的重要环节，也是课程管理的重要手段。一般来说，课程评价包括教师评价、学生评价、教学评价、教材评价和课程实施情况评价等。课程评价已成为课程管理中的常规工作，为此，体育部有必要建立相应的评价组织，由教师代表、学生代表及有关管理人员组成。评价组织依据有关评价制度开展活动，周期性地对课程执行的情况、课程中的问题进行分析评估，为调整课程内容、改进教学管理服务。

（四）高校体育课程管理体系的构建

由于高校体育课程涉及的面广、量大，管理活动十分复杂。因此，体育部需要建立一个科学而有效的课程管理有机体系，该体系主要有六个子系统组成。

①高校体育课程的决策系统　主要指体育部教学委员会。通常是在部主任的领导下，根据学校课程有关课程管理的政策和要求，分析学校体育发展的状况，并结合本校的实际，决定体育的培养目标，确定体育课程的设置，制定课程标准，审查重大的课程管理活动，为学校课程管理的重大决策提供咨询意见，对体育课程建设出谋划策。制定相应的管理制度，主要包括：课程审议制度、教学管理条例、课程评价制度、教师教育制度、课程管理岗位职责及激励制度等。

②高校体育课程的开发系统　主要是针对课程开发。课程的开发是以国

家体育课程教学指导纲要为依据，以学校为基础的。教师是课程开发的主体，同时也需要学生的广泛参与。为了使课程的建设和发展得更好，应以广大教师为主体，并根据新课程改革的目标和要求，结合本校的培养目标和课程资源状况，了解学生多样化发展的需求，开发出具有本校特色的体育课程。

③高校体育课程的实施系统　主要由课程管理办公室、教研室等共同组成。通常是在部主任的指挥下，由课程管理办公室统筹安排，并组织各教研室分工实施。课程管理办公室贯彻学校的政策，在授权范围内对日常的教学活动进行组织、协调、控制；教研室在具体实施活动中，根据整体安排，制订好学年及学期教学进度计划、教学研究活动计划和学生活动计划；对教师教学活动进行指导，确保完成体育课程管理的各项要求；及时反映课程实施过程出现的问题及教师的教学需求；研究学生的实际情况，为课程管理提供依据；优化、整合课程目标，充分而有效地利用学校的资源（时间、空间、人力、财力），以便取得最优化的教学效果。

④高校体育课程信息的收集系统　主要由指定的“信息员”组成，由课程管理办公室具体负责，与日常的教学管理活动结合起来进行，为课程评价提供客观的信息。“信息员”可以根据需要在教师和学生中指定，主要任务是收集来自各方面的课程与教学活动的客观信息，并及时反馈到管理办公室和评价组，以便作出有效的反馈控制和正确的评价。

⑤高校体育课程的条件保障系统　体育课程管理要有必需的设备与经费上的支持，课程实施离不开经费、设备等必要的条件，课程的有效实施必须最大程度地发挥经费、设备、教学资料等硬件的效益。因此，要合理配置各种教学设备，为体育课程实施提供必要的物质保障。另外，体育部要从体育课程管理的实际需要出发，对课程活动的各个环节，制定出科学而又切实可行的各种管理制度和操作规程，使课程管理的各项工作和运作方式做到有章可循。需要强调的是，管理人员的素质直接影响课程管理体系的运行。体育部应加强管理人员的业务培训，提高其管理能力，确保课程管理系统的有效运作。

⑥高校体育课程的评价系统　主要由一些教学经验丰富、责任性强的教师组成。体育部要根据课程管理目标确立评价准则，采用多种评价方式，对课程的实施定期进行评价。课程评价以教师为主，主要任务是根据课程管理计划，对课程活动的输入、过程和结果进行定期的诊断和评价，找出与目标之间的差距，对决策和实施过程进行修改、校正，使课程系统最大限度地接近课程目标。

二、“互联网+”视域下高校体育在线课程教学

随着科技信息发展以及互联网的普及应用，在线教学作为当前高校教育的辅助和补充方式受到师生们的广泛喜爱。一般而言，在线课程包括慕课、公开课、课程直播、课程录播等形式。在2020年初，新冠病毒造成的重大公共卫生事件导致我国许多高校延迟开学，教育部也印发了《关于疫情防控期间做好普通高等学校在线教学组织与管理工作的指导意见》，在线课程成为高校体育教学的主要形式，是“停课不停教、停课不停学”的主要实践措施。

（一）开设高校体育在线课程的意义

随着开放教育的出现，高校在线课程近些年迅速发展，自2013年清华大学的“学堂在线”平台启动以来，北京大学的“北京大学公开课”、国家开放大学的“五分钟课程”以及重庆大学牵头的“东西部高校课程共享联盟”等在线课程如雨后春笋般涌现，蓬勃发展。开设高校体育在线课程对于高等体育教学发展具有重要意义。首先，高校体育在线课程是对传统高校体育教学的补充和完善。“互联网+”视域下，高校体育教育中的慕课、微课等，充分利用了互联网打破时空地域桎梏的特点，能够让学生利用碎片时间进行课程选择、教师选择，随时随地学习课程、练习动作技能，提高了体育学习的自主性和积极性。在线课程内容丰富、形式多样，解决了高校传统体育教学中理论课枯燥乏味的问题，且动态视频形式呈现的动作示范、技术分解与讲解以及错误纠正，能让学生更直观高效地掌握动作技术要领。其次，体育在线课程推动了高校体育教育、社会体育教育的互联互通和资源共享，高校体育在线课程具有一定的社会效益与经济效益，实现了体育教育的均等化以及终身化，构建了更为通畅的人才成长通道。如“东西部高校课程共享联盟”现在加盟高校已经超过70所，开发的在线体育课程广受师生好评。超星、优学院等推广的运动解剖学、运动生理学、体育心理学等课程不但补充了高校学生的体育学习，也为校外普通城乡居民提供了接受体育教育的途径。最后，在线课程和考试系统的建立，也完善了在突发性事件发生时高校体育教育应急管理机制和人才培养质量控制机制，应对了突发疫情时期不能到校进行体育教学的问题。

（二）高校体育在线课程开展存在的问题

1. 课程建设标准混乱

近年来，随着互联网发展和应用的普及，慕课平台以及慕课教学方式蓬勃发展。其中全国规模较大的慕课平台有20多个，如中国大学MOOC、学习通、学银在线、钉钉等，上传有2万多门高校课程。然而其中体育相关课程却仅有240种，仍未涵盖目前我国高校开设的体育类课程。其他学科较为普遍的“MOOC+SPCO”模式也未在体育领域普及，许多地域性和民族性的体育教学内容未得到体现，在线课程建设标准混乱，存在内容匮乏、重复建设、重训练轻理论、教学缺乏针对性、考核形式单一的情况。此外，由于部分一线体育教师仍对在线课程等持有观望和怀疑态度，使得在线课程的应用在课堂中的开展并不理想，其内容也与实际教学知识和动作技术相脱离。

2. 缺乏有效的网络技术支持

目前的在线课程应用了互联网宽带资源、云服务主机资源、教学平台等诸多技术，各种技术仍有待完善。如在这次疫情期间，就有部分学校的部分在线课程平台出现“崩盘”现象，许多音视频延迟、模糊，学生无法登陆，课程直播卡顿，平台功能缺失等。此外，对于体育在线课程而言，还缺乏实时视频互动功能，导致教师不能及时指正学生的动作技术错误。以上技术问题需要高校和社会在网络、运营、平台方面进行资金、人力和物力的扶持。

3. 教师在线教学能力有待提高

在线课程是新兴的教学方式，其顺利开展离不开授课教师的信息素养以及信息教学能力。一般而言，相比其他专业课教师，高校体育教师的信息素养相对薄弱，且即使经过信息技术理论和技能培训后，很多体育教师开展在线课程时，仍无法满足课程设计要求的互动性、现场性。体育教师需要将一节体育课进行压缩、整理、素材剪辑、寻找配套辅助资料、组织学生、在线答疑、设备调试、平台维护管理、教学信息反馈等。如此种种，在线教学技能水平要求难倒了很多体育教师，课程开展不顺利，未达到预期教学效果。

4. 在线教学管理制度有待完善

目前高校在线教学管理制度尚未完善。首先从学生角度，在线体育课程让学生的学习环境从集体学习转变为自主学习，这就给了学生很大的自由性，在缺乏教师监督以及教师无法及时纠正学生错误动作并给予针对性指导以及测评的环境下，学生往往抱着试一试的心态去尝试，很难做到持之以恒地，这就导致学生在线学习效率和效果大打折扣。其次从教师角度，在线课程因为是新兴事物，还缺乏统一的评估制度，无法对教师直播内容、质量、教学效果等进行准确地评估。

（三）高校体育在线课程提质增效实践路径

1. 制定在线课程建设标准

在线课程的提质增效需要教育相关部门以及高校管理层转变观念和教学模式创新，坚持“以学习者为中心”和“有效教学理念”，将在线体育课程作为高校体育教学的辅助和必要补充。目前各在线平台中的在线体育课程存在大量重复建设的情况，尽管给了学生更多的选择，但在选择过程中，学生往往无法判断课程质量，也浪费了选择时间。因此，课程体系的设计应依赖于教育行政部门宏观引导，各联盟高校、体育协会通力合作，共享课程资源，根据教育部颁布的《全国普通高等学校体育课程教学指导纲要》中要求，对体育在线课程进行全面规划，制定课程建设标准，遵循课程目标与学习体育理论知识、促进身心健康的体育教学目标相契合；保证各环节中学生始终作为教学过程主体，能够自主学习；循序渐进，从易到难，注意培养和激发学生自主学习兴趣；注重线上课程与课堂教学的有机结合，避免从单纯的课堂教学走向极端的只在线课程教学，而是将二者结合，发挥“1+1＞2”合力作用。

2. 组建专业技术人员队伍，加大在线课程技术和资金保障

高校体育在线课程是以信息技术为驱动的，其关联到互联网宽带资源、云服务主机资源以及教学平台等诸多技术。随着用户数量增多，高线体育在线课程逐渐暴露诸如音频模糊、卡顿等技术环境问题，因此，高校应组织专门的在线课程技术人员队伍，负责管理维护相关主机资源、教学平台、网络环境以及终端设备等，并与时俱进，将最先进的5G、3D成像、物联网、大数据以及人工智能等新兴技术与在线体育课程相结合，实现在线教学平台支持慕课、课程直播、课程录播、在线讨论等多种教学形式；实现手机、ipad等终端设备访问的版面转换以及视频清晰度转换，使学生能摆脱台式机依赖；实现教师智能排课、教学报告、班级管理、问卷调查等功能；实现视频动作考核功能，以帮助

教师通过视频给学生的学习情况进行评估。此外，高校还可以与体育俱乐部、多媒体企业等社会力量、科研机构开展技术共享和商业合作，既提高了相关企业的知名度和影响力，也切实为高校体育在线课程提供了技术支持和资金保障，实现了强强联合、互利共赢。

3. 定期开展教师信息技术培训

在线课程教学中，教师占据主导地位，因此教师的职业素质和技能水平直接影响课程开展效果。高校应联合体育协会，利用在线课程网站等，定期开展教师培训，内容包括教师信息技术素养、在线课程设计、组织与管理等，并通过认证教师技能水平的方式，进一步考核、提高教师在线课程的授课水平。

4. 完善在线教学管理制度

科学完善的管理制度是高校体育在线课程提质增效的根本保障。根据体育教学特点，以全员参与、全过程管理为原则，从课程管理、条件保障、过程管理、质量控制与评估四个方面构建管理制度。其中，课程管理方面应包括课程目标设定、课程内容规划、课程考核管理等内容；条件保障方面应包括平台管理、平台测试评估、教师技能培训认证；过程管理包括教师工作规范、学生课程组织管理、教学监督、课堂数据实时监控；质量控制与评估包括教学质量评估、教学绩效评价、教学事故认定等。

第五章　高校课余体育活动管理研究

第一节　高校课余体育活动管理

一、高校课余体育活动管理的对策

课余体育活动是学校体育的重要组成部分，它与体育课共同构成了学校体育的整体，与体育课相互配合，共同实现学校体育的目标。随着现代教育和现代体育的发展，现代课余体育已经越出了学校的“围墙”，与社会体育、竞技体育紧密结合在一起，成为培养全面发展现代化建设人才的重要途径之一。课余体育是指学生在课余时间里，运用各种身体练习和多种方法，以发展身体、增进健康、提高运动技术水平和丰富业余文化生活为目的而进行的多种形式内容的体育教育活动。主要包括早操、课间操、班级体育活动、课余训练、课余竞赛以及校外体育、家庭体育等多种组织形式和内容。课余体育活动是实现学校体育目的、任务的重要途径之一，是为实现学校体育总任务服务的。它与体育课是同一层次的两个方面，两者即两个平行的系统。它们既互相联系，又各自独立存在。因此，课余体育活动既不能简单套用学校体育的任务来表述，也不能用体育课的任务取代。可归纳为吸引和有效地组织学生积极参与体育活动，进一步锻炼身体，提高身体素质；满足学生参加体育锻炼的欲望，进一步完善学生从事体育学习和锻炼的方法，培养特长，发展个性，提高身体素质和运动技术水平；加强体育交流，改善人际关系，丰富学习阅历，进一步培养勇敢、进取、拼搏的优良品质以及豁达洒脱的良好气质。

怎样有效地开展课余体育活动是一个值得探讨的问题。课余体育锻炼应该面向全体学生，而要实现这一目的，仅靠体育教师是难以管理好的。因为体育教师既要组织，又要进行技术指导，学生在练习过程中出现的错误动作若得不到及时的纠正，久而久之就会形成错误的动力定型。同时，学生在学习过程中遇到的困难、疑问常常会影响学生练习的积极性及锻炼效果。

（一）提高课余锻炼的管理效益

首先，大学生参与运动的特点是自主意识强，愿按自己的兴趣爱好进行锻炼。男生倾向于新颖刺激、对抗性强的项目；女生则倾向于非直接对抗、节奏明显和轻松愉快的项目。为了保证活动质量的提高，应对活动的内容、形式、方法及体能技能的提高，锻炼习惯的培养等，制定评价标准，形成体系，要对评价结果施以具体的奖惩措施。其次，拓宽锻炼的时间范围，充分利用场地器材。根据高校教学特点和一些学校场地少的现状，合理安排所有非教学时间内的锻炼，使学生学习、锻炼两不误，使参加体育活动的人员不过于集中，以缓解场地、器材不足的矛盾。对一些实行选课制的学校，应抓好晨练工作，便于管理人员能全面集中地了解本班学生的锻炼状况。最后，课余体育锻炼的内容十分丰富，只要条件允许，凡是对青少年学生身心健康有益的体育方法和手段，都可以作为锻炼内容。随着社会的发展，学生的体育爱好、兴趣等也发生了很大变化，他们爱好广泛，主体意识强，不少学生希望把一些娱乐体育、生活体育、保健体育、竞技体育等内容引入课余体育活动中来。为了适应学生不同的体育需求，课余体育活动的内容必将越来越丰富。

（二）正确处理课余体育活动与课堂体育教学的关系

课余体育活动与课堂体育教学两者互相联系、互相补充。课堂体育教学为课余体育活动的开展奠定一定的身体和技术基础，为课余体育活动提供有关的知识和技能准备；课余体育活动为师生提供检验课堂体育教学效果的条件。有关体育知识技能要靠学生在课余体育活动中去巩固、提高和运用；勇敢顽强的意志品质、优良的体育道德作风更需要学生利用课余体育活动的时间去磨练和培养；课余体育与课堂体育教学相互配合，共同完成学校体育的目标。

要全面、正确认识课余体育活动与课堂体育教学的关系，应把握以下几点：①课堂体育教学与课余体育活动是实现学校体育目标的两条基本途径，两者在目标、内容、手段等方面有许多相同或相似的地方，在共同实现学校体育目标上相辅相成，相互促进，但各有侧重，不能互相取代。②课堂体育教学以学习体育知识技能为主，课余体育活动以锻炼身体，发展身体素质，培养运动兴趣、习惯、特长和愉悦身心为主。③体育课上学到的体育知识技能运用于课外体育活动，具有课内指导课余、提高课余体育活动质量的功能。④课余体育活动也可以用来复习、巩固课堂体育教学的知识技能，具有加强和提高课堂体育教学效果的功能。

（三）改革课余体育活动形式

在课余体育活动的开展过程中，往往都是体育教研室制定课余体育活动的内容，班主任或班干部组织，体育教师负责技术指导。这种形式可以保证课余体育活动的开展，但也存在一些弊端。由于每个体育教师需要同时带好几个班级，一个教师要同时辅导几百名学生，只能是走马观花。教师的辅导跟不上，学生在练习过程中出现的错误动作得不到及时的纠正，久而久之，会形成错误的动力定型。同时，学生在学习过程中遇到困难、疑问等，得不到及时有效的解决，也会影响学生练习的积极性。如何克服以上弊端？我们认为应改变课余体育活动的形式。根据体育教师的人数、特长，学校场地、器材等情况，把体育教师分到若干个小组中，学生可根据自己的兴趣、爱好等有选择地进行锻炼。这样做有下列好处：①由学生根据自己的兴趣、爱好、特长等自由选择的锻炼项目，便于调动其锻炼积极性，从而提高课余体育活动质量。②锻炼小组的设立，无论是同质还是异质分组，都有利于教师的辅导、学生之间的互助和场地器材的合理调配使用。③学生可以自由选择辅导教师，有利于调动教师的积极性，提高教师的责任感和荣誉感，这对体育教师的业务素质也有促进作用。

（四）通过体育竞赛促进课余体育活动

体育竞赛是课余体育活动的一种重要形式，通过竞赛，学生的锻炼效果和运动能力可以在比赛中得以充分的展现和发挥。为了有效地促进课外体育活动的广泛开展，在组织体育竞赛时应注意：①竞赛活动制度化、多样化：把各种体育竞赛活动合理分配在全年的各个时期，定期举行不同层次的竞赛活动，并要求学生每年每人必须最少参加两个项目的比赛，与学生年终评优挂钩。②竞赛过程规范化：课余体育竞赛不仅是一个促进学生参与锻炼的过程，也是一个组织竞赛的示范教学过程。因此，要使竞赛过程规范化、科学化，让学生参与到竞赛的组织和裁判工作中，提高学生的组织协调能力。③以竞赛促提高：在课余体育活动竞赛中，学生需要了解和学习更多的有关组织竞赛与运动技术常识，对此，可采用专题讲座和专项辅导的形式，在赛前对比赛项目的技术及有关知识进行专题讲解和辅导，并在竞赛过程中设立“体育运动知识咨询”，由教师解答有关问题，有效地普及体育知识，促进课余体育活动水平的提高。

（五）课余体育活动中应注意的问题

首先，应充分调动教师的积极性，教师的辅导应计入工作量，学生分组应根据教师、学生的实际情况而定。其次，对于一些无特长的学生应特殊对待，单独编组，进行一些运动基本技术、基本技能的练习。班主任、学生干部应积极配合加强检查，组织好学生的课余体育活动。在整个学校体育活动中，课余体育活动的参与面最广，活动最经常，内容最丰富，形式最多样，是对所有学生最具有健身价值和教育意义的体育教育活动之一。随着现代学校体育理论与实践的不断发展，课余体育锻炼必将越来越受到教育工作者的广泛重视，课余体育锻炼必将成为广大学生课余生活的重要内容。

二、“互联网+”背景下高校课外体育活动管理模式构建

（一）“互联网+”与高校课外体育活动管理关系

“互联网+”与课外体育活动管理相互为用，借力共赢。“互联网+”是优化和提升课外体育管理效率的有力手段。课外体育活动管理为“互联网+”的发展提供了发展平台，是凸显“互联网+”优势的载体。同样地，“互联网+”凭借其独特的优势助力课外体育活动的管理、课外体育活动的发展，使课外体育活动管理更加智能化。

1.“互联网+”的由来

2012年11月，易观国际董事长兼首席执行官于扬首次提出了“互联网+”的理念。李克强总理在《政府工作报告》中从国家层面首倡“互联网+”，正式提出制订“互联网+”行动计划。2015年7月4日，经李克强总理签批国务院印发的《关于积极推进“互联网+”行动的指导意见》定义：“互联网+”代表一种新的经济形态，即充分发挥互联网在生产要素配置中的优化和集成作用，将互联网的创新成果深度融合于经济社会各领域之中，提升实体经济的创新力和生产力，形成更广泛的以互联网为基础设施和实现工具的经济发展新形态。“互联网+”的内涵是两化融合的升级版，是“互联网+各个传统行业”，但这并不是简单的两者相加，而是利用信息通信技术以及互联网平台，让互联网与传统行业进行深度融合，创造新的发展生态。

“互联网+”与“+互联网”在本质上有异曲同工之妙，但是在具体含义上

还是有所差异。“互联网+”催生的是新的经济态势，强调的是创新、是跨界、是融合，是一种逆袭的创新。新媒体向传统纸媒行业发起了挑战，实现了逆袭；电子商务平台实现对传统实体商业店铺的逆袭；互联网农业OTO模式实现对传统农产品销售的逆袭……凡此种种，“创新”对传统行业的冲击带来的远不止震撼。

“+互联网”则更加侧重“顺势创新”。传统行业在自身发展的基础之上，借助互联网技术，优化服务功能，提供更为高效与优质的服务。“+互联网”是将互联网作为一种技术与手段，改善原有经济形态，将商业物品放到网络平台上销售，缩短零售环节，节省交易成本。“+互联网”是把内容数字化，没有进行根本性的变革。然而，“互联网+”的真正要义在于颠覆了传统的思维模式，是在“+互联网”的基础上突破墨守成规的思维模式，冲破单向发展的守旧心态，直指问题的关键，实现传统行业的根本性变革。“+”本身就是一种跨界、变革、开放、融合。“互联网+”就是在跨界融合的思维和开放互联的基础上，使互联网技术和平台发挥更大的效应，全方位地拓展各行业、社会及个人的互通共联。

2.“互联网+”与课外体育活动管理关系辨析

（1）优化和提升课外体育活动管理效率的有力手段

我们现在离2030年更近了，人类的下一个时代将逐步被我们探索的新技术所定义。“互联网+”的跨界融合，必定会给高校课外体育活动的管理带来翻天覆地的变化。“变化”是每个传统行业最大的挑战，对于落后的行业，信息技术正在以摧枯拉朽之势将其改造或摧毁，“互联网+”就是如此。然而，高校课外体育活动管理的变革并不仅仅停留在与互联网或科技产品的简单相加层面，而是作为一架桥梁连接在高校课外体育活动的管理层与课外体育活动的被管理层之间，它不应该仅将网络化作为管理的一种手段，而更应当充分发挥互联网在信息共享、资源调配、数据处理等方面的优势，重构管理模式的新格局。

（2）打破时空界限，实现信息资源共享

“互联网+”与课外体育活动管理融合实现的信息资源共享，分为学生个体间的信息资源共享和学校与学校间的信息资源共享两个层次。体育资源融合于网络，学生可以在指尖随时随地获取各种体育资源。这将极大地提高学生体育活动参与的积极性，也将促进体育教学资源的充分利用。21世纪绝不是固步自封的时代，而是资源共享、合作双赢的时代。学校与学校间的信息资源共享是

指不同学校，不同社会环境信息资源传递存在断崖，因为信息技术掌握程度，以及人们对资源的渴求程度存在差异，使得人们对于资源的占有天差地别。学校要不断获取信息资源，增强知识储备，与外界交流沟通，不断探索学校与学校之间、学校与外界环境之间的资源信息真空地带。

（3）数据创新驱动，优化资源配置

信息/数据的流动范围越大，分享的人群越多，它的边际收益递增性就越强。面对高校课外体育活动资源缺乏的问题，推动高校课外体育活动管理与互联网深度融合有助于优化体育资源配置，提高学校服务体系整体效能。大学课外体育活动资源包括人、财、物等方面，“互联网+”交通启示我们如何将有限的资源发挥出最大的价值，交通警务管理智能化，大数据帮助我们实现交通预警和违章防控，规范人们交通行为。高校课外体育的资源管理也可相仿相效，利用大数据的创新驱动，整合体育信息资源，推荐最优的资源配置方式，满足师生的双向需求。

（4）冲破数据壁垒，便捷数据处理

学生参与课外体育活动的数据也是一种信息资源。“互联网+”为高校课外体育活动管理创新发展提供助力——大数据。过去，绝大多数的管理者们尝试冲破管理难这道壁垒，但是苦于传统管理方法的束缚，没有更优技术的支撑，无数的解决方案都流于形式，得不到有效的实施。互联网信息技术的兴起，为课外体育活动管理改革带来突破性的机遇。学生参与体育运动监测、校园特色体育文化活动、学生体质健康测试，工作复杂，人力资源有限，大数据为学校课外体育活动的管理带来曙光。基于大数据分析，可以深刻理解师生的需求，高效分析信息状况并做出预判，最大化发挥资源的价值。“互联网+”自动化、数据化、智能化与交互化特征决定了省时、省力、省财的课外体育活动管理模式终将逐步取代传统的纸和笔的操作方式，使数据成为管理的核心。新形势下，“互联网”时代的大学课外体育管理需要适应社会新形势的发展要求。大学生对网络的依赖程度高，移动互联网逐步充斥学生群体的学习生活。将大学课外体育活动管理与移动互联网相结合，基于学生普遍采用的体育锻炼辅助方法，利用统一的智能软件进行管理。学生通过测评形成对自己的准确定位，合理规划，促进自己养成主动学习、自主锻炼的好习惯，改变以往被动应付期末考试的状况，形成“学、练、考”一体的主动学习新局面。通过克服学生课余时间不统一的弊端，改善学生锻炼检测方法，帮助运动者有效控制运动强度与选择运动方式，增强课外体育锻炼的趣味性，推动体育文化的传播，为校园文化增添色彩，同时，也通过“连接一切”的互联网平台将高校体育教育融入社会，扩大高校体育的社会影响力。

（二）“互联网+”呼唤新的高校课外体育活动管理模式

任何一种改革创新都需要有内外部的推力，新的管理模式是在传统管理模式与先进的社会发展理念相互碰撞中产生的。传统管理模式组织结构较为松弛，职能部门功能模糊，体育俱乐部管理模式因场馆需要经费维持运营，固定场所运行，限制了学生参与课外体育的自由。随着时代发展，学生更加崇尚自由、开放、个性化的课外体育活动体验。传统管理模式的时间、空间限制，使得个性化无法满足的缺陷逐步放大。过去，学生参与课外体育活动监管难度较大，管理者不能时时监督学生活动状况；现在，采用“互联网+”手段，记录学生运动情况，这些信息根据相应的评分标准就会生成相应的分数。由于信息技术的不断革新与不断完善，获取信息也会更加全面细致，课外体育活动管理标准也将不断完善。不论是体育俱乐部的签到盖章、指纹签到系统、人脸识别系统，还是校园卡的签到系统，或是智能穿戴设备，都是对课外体育活动管理模式的一次又一次顺应时代潮流发展的创新。

当代大学生擅长学习新知识、新技术，接受与掌握能力比较强。他们通过网络获取新闻信息，学习新知，进行网络社交，成为互联网使用的中坚力量。智能手机成为大学生的“标配”，学生生活、学习已完全离不开手机。学习类、娱乐类、健身类软件不啻改变了生活方式，更改变了人们的思想观念。互联网的开放性、便捷性和隐匿性等特点与大学生人群讲究学习高效性、追求个性、对新鲜事物具有猎奇心理等特点完美契合，使得网络可以而且应该被用来作为满足大学生提高身体健康需要的手段和途径。大数据的潜力不断被挖掘，高度发展的数字技术使得计算机不再固定，跃到了我们的指尖。“互联网+”的思维模式也逐步被提升到国家战略层面。对于大学课外体育活动管理工作，传统的课外体育活动管理模式已不能满足“互联网+”背景下对课外体育活动管理精简化、便捷化、高效率的需求，要求我们创新管理手段与方法，更新管理模式。“互联网+”新思维、新技术正在助力高校课外体育活动的管理者构建新模式，实现课外体育活动管理智能化。管理模式的变革并不能仅停留在与互联网或科技产品的简单相加层面，不能仅将网络化作为管理模式中的一种手段，而应充分挖掘互联网数据处理资源整合信息共享的潜能，重构管理模式的新格局。

工业化时代，汽车的生产逐步取代传统的马车出行方式，是因传统马车出行方式不优良？其实不然，主要还是汽车优势更加凸显，汽车省时并且不用人工饲养，因而打破传统的出行方式。课外体育活动管理亦然。虽然目前各学校有各自的管理模式，但是都存在一定的弊病：学生锻炼不自由、教师无法从繁重的工作中解脱出来，体育场馆时而闲置时而拥堵不堪。新时代“互联网+”对学校课外体育活动管理提出了更高的要求，首先应最大化发挥场地资源的利用效率，减少教师的工作量，从苦口婆心督促学生去锻炼转向学生增强自主锻炼意识主动锻炼，充分满足学生个性化锻炼需求。“互联网+”就有这样一种神奇的功能。

1. 为管理者减负，节省人力资源

传统的课外体育活动管理模式不符合“互联网+”开放，高效的要求。在当今信息和数据大爆炸的时代，“互联网+”技术几乎覆盖了各行各业的管理和工作模式的变革创新，但是高校课外体育管理仍在闭门造车。在其他行业逐渐实现现代化、机械化、智能化的情况下，大学课外体育活动管理部门体育教师日常工作量大，必修课、训练队、学生体质测试、科研工作等使其分身乏术，无暇顾及学生的课外体育。例如学生长跑测试，现场测试、记录成绩、测试完成后，还需要手动将成绩输入学生成绩管理系统，无形之中又增加了老师的工作负担。结合“互联网+”新技术，一方面避免了高校课余体育锻炼传统考核手段所带来的纷繁手续，为体育锻炼管理者减压、减负，对于课外体育活动的参与者能够进行有效的监督，促进学生参与体育锻炼。另一方面有利于提高课外体育活动考勤管理的科学性、准确性以及规范性等，从学生锻炼到教师评价，全自动的评价体系提高了教师工作效率，终端管理软件的使用减去了教师统计、评分的工作负担，自动记录学生的锻炼情况，通过计算机自动生成每学期的锻炼情况，并给出客观的评价，从而为体育成绩的评估提供数据依据。

2. 拓宽锻炼时间范围，合理利用场地设施资源

“互联网+”的自动化与数据化为学校管理提供了有效的手段，通过手机客户端、服务器终端与后台管理软件的无缝对接，实现了学校体育资源的合理配置。以往由于必须在固定时间到固定场地进行锻炼，往往造成部分场地过于拥挤而部分场地闲置的情况，影响学生的锻炼效果，同时也存在着一定的安全隐患。智能化的管理模式不对学生锻炼做固定的时间要求，学生合理安排自己的课余体育锻炼时间，根据自己课余时间及手机移动端可查询的场地信息情况进行合理安排，可缓解有些场地、设施不足的矛盾。无论从时间维度，还是从空间维度，都是对传统管理模式的突破，学生在任意时间、任意地点进行锻炼，这也符合学生碎片化时间管理的原则。

3. 利益最大化的受益者——学生

高校课外体育俱乐部的智能化管理并非是学校利用行政权力，单方面采取的强制性管理措施，而是基于目前学生普遍采用的体育锻炼辅助方法，利用统一的系统平台进行管理，最重要的是给学生带来最大化的利益。

首先，能调动学生的锻炼积极性。课外体育活动与课堂教学不同，体育课堂是有组织、有计划的教师教学生学的活动，然而，课外体育活动没有各种硬性规定，学生在进行课外体育活动时拥有较大的自主权，学生出于某种动机坚持体育锻炼，基于自身条件选择项目。由于诸多客观因素的限制，学生会选择放弃锻炼，久而久之形成锻炼惰性。因此，借助智能化的管理手段进行监督，利用外部手段提升学生参与积极性不失为一个好办法。

其次，可提高学生的人际交往能力。课外体育活动实际上是一个为学生提供多种形式、多样内容的交流平台，它是体育课堂的延伸，能够拓展学生的人际交往领域。体育课堂上，不同专业、性别的学生交流，时间是有限的，然而课外体育活动能够使不同性别、年龄、专业的同学可以通过这一平台结识有着相同体育爱好的朋友。活动中，通过交流能够提升运动技术水平，掌握运动技能，可以满足学生健康信息的传播需求。在互联网盛行的时代，健身类信息不胜枚举，健身信息在社交媒体上的分享助推了网络健身的广泛传播。线下社交新窗口一定是锻炼打卡。针对当下学生“刷个存在感”的需求，锻炼后的数据截屏分享到社交平台，增强了课外体育活动的趣味性，同时也通过“连接一切”的互联网平台将高校体育教育融入社会，扩大了学校体育的社会影响力。

最后，学生形成课余体育锻炼的兴趣，具备相应的体育知识与运动技能，对于学生终身进行体育学习大有裨益。通过实施课余体育锻炼智能化管理，一方面能够保证学生课余体育锻炼的时长，另一方面能够帮助学生学习到更为丰富的运动知识与技能，调动学生锻炼的积极性，在学习中相互促进，形成融洽的人际关系，营造良好的锻炼气氛，进而为终身体育带来积极的影响。因此，智能化管理模式为高校课外体育活动管理工作的开展提供了一个新的契机。

4. 产业发展的长新路径——市场与科技

当下，“产学研一体化”已经成为各大高校走出象牙塔，与社会发展相对接的重要理念。市场作为最终目标，各种科学技术通力合作，将科研、技术、产品市场连锁，研究新型产品普及科研成果就是“产学研一体化”。因此，高校课外体育活动的智能化管理也是实现“产学研一体化”的一次有效尝试，为创新驱动中的体育产业发展提供了契机：首先，市场为高校服务，要充分开发市场潜力，利用公司运作、广告赞助为学校体育俱乐部提供“免费的午餐”，解决资金链的来源、流动、管理等问题，利用科技公司的技术资源为高校体育教学提供便利；其次，数据为科研服务，充分利用“互联网+”时代大数据、云计算的科技资源，在学生管理中充分挖掘有效的信息，为高校体育教学、运动训练、学术科研提供支撑，促进体育科学的发展；最后，有效集中相关领域的专家，为市场提供技术指导，开发更有针对性的社会体育市场，为推动“互联网+”时代社会体育产业的发展奠定强大的学术基础。

在互联网大数据时代，一种依托于“互联网+”信息科技的数据信息采集、存储、处理、深度挖掘并及时分析研判为管理层管理决策提供数据支撑，对学生课外体育活动实时动态监控的智能课外体育活动管理模式呼之欲出。新的管理模式必将革故鼎新。

（三）“互联网+”背景下未来高校课外体育活动管理模式构建

1. 未来大学课外体育活动管理之理念要求阐释

（1）全面覆盖化

“互联网+”背景下课外体育活动管理应该秉持的首要理念要求是全面覆盖化。全面覆盖化具有多重内涵，一是在课外体育活动管理过程中覆盖的学生面广，即活动能够满足大部分学生的锻炼需求。在全校范围内统一实施，执行管理，覆盖学生喜闻乐见的项目。跑步项目是学生参与面广，简单易行，投入成本较低，收益较高且不需要运动场地与器材的项目。其他项目可通过在运动场地设置运动监测设备，实时上传场地信息，实时监测学生运动状况。二是参与主体能够通过系统平台全面参与到课外体育活动管理中。“互联网+”背景下，新技术的涌现推动网络多样化的呈现，使课外体育活动有了更加广阔的信息传播与交流平台。教师与学生之间协作，教师制订计划，学生负责执行，在系统交流互动中完成评价与反馈，每个成员通过多种途径全面参与到活动中来。三是信息资源的全面覆盖。通过网络的有效整合力，集成各种资源信息，优化资源配置，节约成本，实现体育信息资源共享。一方面，借助信息平台，提高信息传播速率，增强时效性；另一方面，通过互联网进行大数据分析，能够及时有效地反馈活动状况，为决策者提供合理化建议。四是深化监督全覆盖。采用“互联网+”信息技术，实现学生参与活动的监督，一方面节省教师大量的管理工作，另一方面对于学生锻炼自主性有极大的提升。

（2）时空全息化

所谓全息，本意上指媒体信息的格式多元，比如文字、图片、音频、视频等。这里指学生活动的时间与空间信息不受单一条件限制，对于时间空间运动信息可进行全面的记录与监督。以往由于必须在固定时间到固定场地进行锻炼，往往造成部分场地拥挤不堪而部分场地闲置的情况，影响学生的锻炼效果，同时也存在着一定的安全隐患。新的管理理念要求时间可自选，具有延时性，不对学生锻炼做固定的时间要求。学生自主安排锻炼时间、自由选择锻炼项目，缓解了场地与学生锻炼需求之间的矛盾。学生在任意时间、任意地点进行锻炼，符合学生碎片化时间管理的原则，克服了学生课余时间不统一的弊端。学生根据自己课余时间及手机移动端显示的场地信息情况进行合理安排，可缓解有些场地供不应求的矛盾。学生参与课外体育活动时间的不固定性，活动项目的不确定性对课外体育活动的监测与评价提出了要求。

未来，课外体育活动管理模式通过平台系统记录学生锻炼情况，突破时间、空间的限制。学生锻炼时进入管理系统，记录自己的运动情况，同时对于新技能的学习也可参考相关教程，使锻炼真正融入到学生生活中。同时，教师的课外体育活动管理也从运动场跃到了指尖上。教师针对学生锻炼大数据进行分析总结，针对学生锻炼行为习惯，实时优化目标设置，调整锻炼计划，随时与学生互动，对学生成绩进行过程性评价与结果性评价。教师的管理工作更加轻松，更加自由，能够从传统繁忙的管理工作中解脱出来。无论是学生锻炼，还是教师评价，都突破了时间、空间限制的管理都减去了教师统计、评分的工作负担。无论从时间维度、空间维度，还是学生自由度方面较之以往都有了巨大的提升，学生随时进行各种形式的锻炼活动，增加了学生锻炼机会，大大增强了学生锻炼的积极性和热情，延长了锻炼的时间，从而全面促进学生身心健康。

（3）信息符号化

信息符号化是将虚拟消息转化成视觉符号的设计，信息传播从电脑屏幕拓展到智能手机。信息符号化就是将课外活动中的虚拟信息通过“互联网+”技术收集、整合、处理转变成为有意义的数据，升级服务功能，提升课外体育活动管理效率，优化课外体育活动管理格局，促进校园体育发展。现代社会的一个重要特征就是信息化，互联网的快速发展极大地冲击了人们的生产生活方式。各种活动产生大量的信息资源，互联网与课外体育活动管理相结合，产生信息。以一卡通为例，在锻炼场所设置刷卡机，刷卡机记录刷卡数据，就能够实现课外体育信息化的管理。管理者为学生体质信息（BMI、身高、体重、肺活量等）、基本信息（性别、院系、年龄等）、活动信息（参与项目、活动时间等）建立数据库，以了解学生课外体育活动情况，掌握学生个人或者班级锻炼动态，包括锻炼时间、锻炼次数、锻炼项目等。对所收集到的信息做数据处理分析，基于数据处理结果，为课外体育活动及体育课程改革提供指导和参考，为决策者决策提供依据。

（4）主体互动化

信息技术革命推动下，社会信息化持续发展。“互联网+”思维管理能够突破以往单向沟通的局限性，关注活动的信息多渠道沟通。学生、教师、管理员（个人机构）都通过网络进入信息交互的过程。多元合作型管理主体管理之间实现互动，首先是教师与学生之间的互动，教师通过与学生交流沟通，选择合适的评价方法帮助学生构建适合自己的锻炼方法，端正学生锻炼态度，树立正确的锻炼意识，养成正确的锻炼习惯。其次是教师与管理平台的互动，教师依托管理平台进行管理，在实际操作过程中针对学生运动情况实时与管理平台互动，反馈学生遇到的问题，及时处理与解决数据有效性问题，增强反馈机制运行，最快效率解决活动过程中的问题。再次是学生与管理平台的互动，学生通过平台系统直接反馈管理过程中遇到的问题。最后是学生与学生之间的互动，依托课外活动管理平台，学生在锻炼过程中加强互动，增强运动氛围。学生可线上约跑友、约球友，运动后发布动态查看运动排名，学生之间相互交流运动心得。将活动融入学生生活，既保障活动正常运作管理，又加强不同主体之间的交流互动。多元主体管理之间相互合作、团结协作，管理运行平级之间自上而下与自下而上相结合，简化活动管理流程，减少活动管理的诸多烦琐步骤，实现活动管理零距离沟通。

（5）服务智能化

基于课外体育活动管理平台的课外体育活动，要求平台服务功能更加智能化。服务平台在网络、大数据物联网和人工智能技术的支持下，具有能够满足学生全部锻炼需求的特性。首先，平台服务能够智能监督与控制课外体育活动情况，实现运动数据分析、预测以及运动信息精准化推送。其次，在学生用户体验方面，基于大数据算法，实现学生运动信息的反馈，提升学生运动体验。教师基于学生运动历史数据，作加权平均计算，得出相对精确的未来预测值，评估学生个人运动情况和班级成员运动情况，并根据相应预测值，调整运动锻炼计划。毋庸置疑，除了监测应用功能外，更应实现其他服务功能的智能化。课堂服务功能包括发布信息通知、场馆查询、预订服务、拓展体育知识趣味课堂、制定运动处方，同时依托管理平台作为赛事宣传与活动宣传的主渠道。智能化的服务功能建立了学生与教师之间，教师与学校之间平等对话、互动的关系，从而实现指令性与自主性融合的、计划性与灵活性协调的、考核性与激励性结合的课外体育活动管理。

2. 未来离校课外体育管理新型理想模式的构建

“互联网+”提供的不仅是先进的科学技术，更多的是变革性的思维方式。未来高校课外体育活动管理模式的构建有别于传统的管理模式，在遵循新的未来管理理念要求基础之上，结合“互联网+”理念，充分利用现代化信息技术，全面克服活动时间不自由、资源利用不充分的问题，帮助教师摆脱传统管理监管工作，最大程度上实现资源的合理配置。新型管理模式是以满足学生锻炼需求为核心，以学校为引导，以管理系统为督导，学生自主参与管理的合作型的三位一体的框架。框架的构建与实施路径具有多元化的特点，从管理机构设置、相关制度的制定与完善、软实力硬实力统筹发展以及完善课外体育活动的组织形式入手。其中，制度的制定与完善是管理实施的重要保障，包括管理办法的制定、经费保障机制、监督管理机制、评价与反馈机制以及激励机制的确定，从而保障新型管理模式能够顺利实施。管理系统具有智能服务的特点，“互联网+”依托管理平台对学生课外体育活动进行监督管理，系统平台智能化服务能够更合理地控制活动规模。新型管理模式具有全域化的特点，不仅能够全局合理配置活动资源，满足学生自由化活动时间，还具有线上线下相结合的活动形式，具体将从管理模式架构、实施路径、系统特征及模式特征进行深入分析。

（1）管理架构科学化，三位一体好运行

“互联网+”与传统行业相结合创造新的发展态势。大学课外体育活动管

理是为了提升学生身体素质，促进学生身心健康，满足学生锻炼需求而进行的教师、学生多方参与的活动。“互联网+”管理模式是以满足学生锻炼需求为核心，运用“互联网+”时代信息技术深度融合学校课外体育活动管理，形成以学校课外体育活动管理为引导，以“互联网+”信息技术手段监管学生课外体育活动参与为督导，学生自主参与管理合作型的三位一体管理模式。宏观上构建三位一体的管理模式，在这个管理模式中，学校是推动者，学生是基础，“互联网+”技术是依托，三者之间协同合作，以促进学生身心健康发展、提升学生身体素质为目标，共同推进高校课外体育活动管理建设。具体来讲，新型课外体育活动管理模式的构建主要包括以下四点：

第一，满足学生锻炼需求，提升学生身体素质，促进学生身心健康，培养学生锻炼习惯，树立终身体育意识是三位一体管理模式的共同目标。学校行政管理，学生自我管理，“互联网+”系统平台的监督管理都围绕这一共同目标发挥各自职能。

第二，学校体育部门以学校行政管理的方式统筹体育的课内外一体化发展，科学规划学校体育发展布局，为学生参与课外体育活动提供重要的制度保障与必要的活动环境。

第三，学生自主参与管理，每位学生既是活动的参与者又是活动的管理客体，对参与的课外体育活动具有直接的发言权，对课外体育活动进行科学自主化的自我管理。学生通过自主化的科学管理，不断提升身体素质，促进身心健康发展，为终身体育意识的培养打下基础。

第四，以“互联网+”信息技术手段监管学生课外体育活动参与为督导，结合“互联网+”思维，对课外体育活动采用技术平台对课外体育活动进行监管，实现活动管理的全面覆盖化，增强主客体之间的互动，最大化实现资源的合理配置，极大地满足学生锻炼需求，同时将体育教师从烦琐的监督管理工作中解脱出来，以提升学生身体素质，促进学生身心健康。

课外体育活动相较于课内体育活动，是指学生利用课余时间，以锻炼身体、愉悦身心为目的的体育活动。问题的提出首先是由于国内大学生体质下降，面对这一不争事实，国家层面出台政策推动学校课外体育的发展，学校层面不断制订相关计划，以提升学生身体素质。从这个角度来说，学校课外体育活动是在学校体育发展的基础之上，为了提高与满足学生更高的锻炼需求而进行的。学生的锻炼需求是课外体育活动发展的重要特征，促进身心健康是活动的出发点与归宿。课外体育活动管理模式的构建目标仍然沿袭这个终极目标，通过提出一个行之有效的促进课外体育活动发展的解决方案，既简化管理者的操作流程，又增强活动趣味，满足学生健康发展的现实需求。

以学校课外体育活动管理为引导。学校作为学生活动的主要场所，承担着学生的日常学习与生活重要功能，它的职责是为学生提供良好的发展空间，创造良好的发展氛围。学校在学生课外体育活动管理中行使宏观管理职能，在大政方针上制定相关规定，并且以行政方式予以学校体育部门政策支持与资金保障。学校体育部门通过整合校区体育资源，以最低的成本支出给学生提供最优质的资源服务。学校体育部门对于学生课外体育活动进行有组织、有计划的规划，并且组织教师进行监督评价，运用自上而下的行政管理办法督导学生参与课外体育活动。学校体育管理部门是构建课外体育活动重要的推动者，构建学校课外体育活动管理体系，为新型课外体育活动管理模式提供重要的制度保障。

学生自主参与管理。学生在课外体育活动中是主要的参与者，在新型课外体育活动管理中，学生自觉参与活动。自主参与管理过程是基于学生自我发展、自我提高的自我管理方式。学生自发组成的活动小团体一般不具有行政管理职能，而是辅助课外体育活动管理部门进行管理。在活动管理过程中，学生自主安排活动时间、活动项目、选择活动地点，摆脱传统课外体育活动在时间、空间上的协调问题，减少活动管理者工作量，降低活动管理成本，精简管理流程，实现与管理者的零距离沟通。

以"互联网+"信息技术手段监管学生课外体育活动参与为督导，发挥"互联网+"时代信息技术平台的作用。"互联网+"课外体育活动管理平台是激发新的管理形态的有效途径，以新一代信息技术的创新为引领，为传统管理方式赋能，并且促进各类新技术、新产品、新模式的探索。"互联网+"课外体育活动管理平台以创新为引领，以数据为驱动，构建开放的价值生态。知识传递从主要依靠人的大脑来记忆变成人的创新与机器智能相结合，以经验判断为主的锻炼方式逐渐变为数据辅助下的科学判断为主的锻炼方式，封闭、独立的锻炼方式逐渐转变为合作、多元化锻炼方式。数据驱动的"互联网+"课外体育活动管理平台大大增加了学生与学生、学生与教师之间的沟通交流，各种体育知识传播突破了传统教育的时间、空间界限，大大增加了学生参与锻炼的积极性。当代学生的课外体育参与行为已发生改变，我们要顺应时代潮流，根据学生特点，坚持以人为本的理念，用智能化的方式对学生的课外体育活动行为进行鼓励、支持、监督与评价。可以与相关科技公司合作，研发适合本校的学生课外体育活动管理系统，搭建智能管理课余锻炼信息运营支持平台，促进学校课外体育活动管理工作的进行。

（2）实施路径多元化，服务学生达目标

组织形态精简化，减少沟通层级，有助于改进各个管理机构之间沟通质量，提高沟通效率；能够降低管理费用，合理配置人力资源，提高人员自我管理能力；与学生零距离接触，能快速响应学生需求。高校课外体育活动发展首先要完善优化课外活动的组织结构体系，高校各部门应该重视课外体育活动，将课外体育活动作为学生的第二课堂。积极响应国家号召，落实相关政策规定，合理建立符合规定的课外体育活动体育社团、俱乐部等体育组织，积极开展有特色的、多样性的课外体育活动，增强课外体育活动的趣味性，营造良好的体育锻炼氛围。根据高校实际情况，课外体育活动管理结构协调配合，每个部门可下设秘书组配合其工作，各部门各司其职，分管合作。共同致力于课外体育活动目标制订、实施执行控制与评价等管理活动组织体系构成，是课外体育活动管理的基础。权责明确的组织管理机构是应用“互联网+”管理模式的首要前提。

①决策机构：管理委员会是学校课外体育部门负责人直接领导的，以全面贯彻执行学校体育目标为出发点，负责审议活动相关制度、方案，是课外体育活动计划制订、执行评价等管理活动的最高管理机构。负责审议与批准“互联网+”课外体育活动管理系统的实施与应用，定期组织召开学校课外体育活动管理会议，协调与解决各管理环节出现的问题，并对管理工作的执行具有监督职能，以确保最初目标的有效落实。管理委员会下设专门履行日常工作的办事机构——全面预算管理委员会办公室，负责协调和推动课外体育活动每学期学习计划的制订、目标的设置、计划的执行实施和监督，以及学生最终的成绩评定与反馈等工作。

②监控机构：是为保证课外体育活动工作执行情况，设立的对参与主体进行监督与控制的机构，主要负责对学生参与活动次数、时间等作相关记录，对学生课外体育活动情况执行情况进行监督与评价。依托于“互联网+”课外体育活动管理系统对学生进行课外体育活动执行情况的监测大大节减了相关工作者的工作量。监督管理部门人员同时也要定期对“互联网+”课外体育活动管理系统做质量评估，并及时形成意见报告，汇报管理委员会。考评机构以管理委员会制定的考评制度体系为准绳，负责审批与课外体育活动考核相关的制度和机制。依据管理系统中记录的学生活动数据，根据相应评价标准，对学生课外体育执行情况进行考核、评价与奖惩。

③执行主体：执行主体主要是学生，一般根据管理委员会制订的活动目标与要求，依据不同项目合理制订符合自己实际情况的运动计划。每位课外体育活动参与者，依据目标执行课外体育活动计划。机构各司其职，共同协调运作，共同推进学校体育的管理工作。

（3）规范完善课外体育活动管理制度

宏观上，政府对学校体育发展进行宏观把控，下达相关政策指令。学校积极响应号召，依据自身情况完善建立健全普通高校课外体育锻炼各项规章制度。参照学期计划，由主管领导组织相关部门制订与完善学校课外体育活动的有关制度和规范，并纳入学校体育管理工作进行科学管理，从而保证各项制度与规范能够有效实施，完善“互联网+”课外体育活动管理办法。管理办法的修订要以国家教育部、体育局颁布的各种法律法规为参考，要与学校的发展层次相适应。

完善课外体育活动经费保障机制是学校课外体育活动管理可持续发展的支撑。学校课外体育活动经费供给依赖于政府财政拨款，资金投入不足，影响活动的组织与实施效果，因此，需要不断拓展体育经费来源渠道，实现资金来源渠道的多元化。首先是政府财政拨款支持，其次学校体育对外联络部门与外部企业公司建立合作伙伴关系，公司进行赞助，学校对公司进行宣传。“互联网+”背景下，大量科技公司也在谋求自己的生存之道，在广阔的市场中拓展一席之地。学校运用科技产品，支持公司运作发展；公司提供服务，树立企业品牌，实现双赢。最后，共享型体育发展也是学校体育发展的主流。大学体育场馆设施应满足学校师生的锻炼需求，学校也应密切联系外部环境，谋求场馆更高效益的运营。学校通过场馆共享，与相关企业互惠互利，为学校体育发展谋求更好的经费保障。

确立基于互联网的课外体育活动管理监督机制。传统课外体育活动监管的实现得益于以班级为单位的考勤，以运动项目分类的学生考勤，以及学校体育主管部门委派人员的考勤。考勤方法主要涉及点名、盖章、刷卡等。这种考勤方式中出现的弄虚作假现象使得考勤数据严重失真，繁重的考勤工作削减了体育教师工作积极性。运用课外体育活动管理系统对学生运动情况进行监管，可以减少人力物力开支，将教师从繁重的考勤工作中解脱出来。通过运用统一管理软件，加强对课外体育活动的实施以及学生参与课外体育活动行为的监督管理与引导，全面实现活动前、活动中以及活动后的全面动态监督，使学生真正养成课外体育活动的习惯。

健全学校课外体育活动管理的评价与反馈机制。课外体育活动管理评价是为了加强学校课外体育活动发展，更加优化资源的合理配置而采取的措施。首先，定量的考核方面，宏观上学校运用行政管理手段，硬性规定学生课外体育活动必须达到的运动目标，如运动次数、运动时间、运动距离等。“互联网+”课外体育活动管理系统所记录的学生运动情况作为学期末课外运动成绩评价的依据，此部分考核成绩按照相应比例加入学生体育课程中，并且与学生体育课课程、评奖评优等相挂钩。课外体育活动组织形式较为丰富，增加了学生课外体育活动评价的难度。结合互联网，场地的使用率、器材的使用率皆可作为间接参考依据。通过系统平台学生预约场地、扫描器材专用二维码，获取体育锻炼者的相关基本信息，有助于间接评价学生锻炼情况。其次，“互联网+”与课外体育活动管理相结合，创新课外体育活动监管方式，课外体育活动管理评价方式亦有所转变。依托“互联网+”课外体育活动管理平台对管理过程协调与控制，可以不断增强管理的时效性。双向制约督促学生积极开展课外体育活动，促进学生进行科学化、规范化的锻炼，使学生养成锻炼习惯，树立终身体育意识。再次，反馈机制的完善能够更好地加强管理工作的发展，反馈方案的制订与执行分为不同层次、不同等级，管理主体与管理客体之间的反馈，管理者与管理系统运营商的反馈，管理客体与运营商之间的直接反馈，利用“互联网+”技术实现在线反馈调节，可以提升管理服务的时效性。最后，加强学校课外体育活动管理的相关激励机制。调动学生参与课外体育活动积极性是学校体育管理工作者思考的薄弱环节，激励制度事实上是不可或缺的重要手段。运用激励手段能够大大提高学校课外体育活动的管理效益。一方面，适当给予实质性的奖励，如课外体育活动开展较好的班级或者学生参与学校“体育运动班级”“体育运动达人”评比，由校体委统一颁发证书，并有机会参与当年学校年度班级、人物评比，同时将对体育运动达人多的学院、班级及任课体育教师进行奖励。另一方面，给予学生精神上的嘉奖与激励，教师口头表彰嘉奖，鼓励学生多参与，不断提升自己的运动能力。激励机制能够不断增强学生及教师的工作积极性，也是提升工作效率的重要途径。完善管理办法是制度执行的前提，制度执行是制度建设的重点。学生是执行制度的具体个体，然而制度的执行不是依靠单个个体付出就能够起到有效作用的，而是有赖于全体学生的共同努力。

（4）活动管理建设软硬实力统筹发展

“互联网+”大学课外体育活动的管理需统筹发展软实力与硬实力。从软环境建设方面来说，更新管理者的管理理念以及学生参与活动理念，新的发展形势下要实现智能化和信息化管理，加强高水平师资队伍建设是前提，不断提升管理水平。管理水平要以管理人才为支撑，因此要提高管理人员综合素质，加强管理者的互联网媒介素养教育。实现新型管理是一个动态发展的过程，在完善管理设计的基础上，加强对管理人员的培训。在管理过程中，要求管理人员树立服务校园、服务学生的管理意识，利用技术实现创新发展。智能管理人才的需求要针对不同的专业招聘优秀的技术人才和管理人才，结合高校管理工作，展开课余体育锻炼管理建设，从而促进课余体育锻炼信息智能管理的整体构建顺利进行。另外还要加强学生网络素质培养，营造健康的网络环境。首先要引导学生正确使用锻炼软件，在锻炼过程中拒绝营私舞弊的行为。其次要加强学生的网络语言行为的规范教育，曾国藩说“舍礼无所谓道德”，人们需要知礼、行礼、倡礼，用礼来修身，成就自己的风范。学生应当知礼懂礼守礼，在此基础上，不断树立互联网思维，加强学网懂网用网意识，不断提升网络媒介素养。

从硬实力发展来说，体育教学设施的配置作为学校体育必备条件，彰显了学校体育发展的特色；学校体育教育理念、体育文化等软实力表现了学校课外体育活动整体水平。硬件设施方面，学校要完善体育场馆的建设，为师生员工的体育锻炼提供可靠物质保障。在信息化智能化管理实施过程中，要增设智能监控设备，同时还需配备与之相匹配的智能化管理系统等一系列材料和硬件设备，迈出体育锻炼智能管理和建设的第一步，加强体育场地器材建设维护保养管理。“互联网+”时代，面对日新月异的信息革命，高校的课外体育活动管理需要充分利用互联网连接一切、开放、自由的特性，丰富实践形式，满足学生的课外体育活动的多样化需求。大学体育场馆建设器材维护等问题一如既往，追根溯源，一方面高校扩招，学校体育场馆建设与器材的添置速度与其不成正比；另一方面体育器材没有物尽其用，未实现资源的最大化利用。近些年有不少文章对高校的体育场馆的智能化管理系统做出了翔实的描述，对于场馆的智能化管理不少学者作了专门研究，因此针对体育场馆的智能化管理这里不做赘述。提供以下几点，仅供参考。

首先，场地器材的设施尽量能够满足师生教与学及学生课外体育活动需求，即所谓的硬件先行、保证达标。其次，保证学生参与较多的项目的场地器材的提供，辅之以学校开展的特色项目场地供应，即全面性与特色性相结合。再次，要保障场地设施的实用性，即对于年久失修的场地、不达标的器材，尽早修缮，保证学生课外体育参与的基础，减少运动参与的客观风险。最后，加强校内校外联络，对于校外企业利用场地举办赛事在一定程度上予以支持，争取实现资源共享，加强学校体育整体运作的资源保障。

（5）以点带面，推动项目发展

学校以公开课外体育活动改革为重点突破口，探索多元化资金来源，争取多方支持协助，顶层设计确立以“打造活力校园，营造健康环境”“优化健康服务，提升健康素养”“满足学生个性化需求，培养终身体育意识和能力”为三大目标，通过课内外一体化落实学校体育个性化发展的要求。结合互联网，完善各类单项体育竞赛、体育社团带动课外体育活动开展。相较于综合运动会，单项体育竞赛是学校群众体育活动的重要组成部分，必须在扩大和规范学生体育社团以及课外体育俱乐部组织建设的基础上，结合互联网，增强活动项目的趣味性，充分发动学生，调动他们参与各类体育活动的积极性，从而实现学校阳光体育运动的长效机制。学校通过选择一些娱乐性、趣味性较强的群体竞赛项目与互联网相结合，改善原有参与方式，线上线下相结合，号召广大学生参与。学校可组织进行集体校园跑步赛事，赛事组织形式多样，如校园马拉松、团队定向越野等。另外，增设或创新便于开展的小型项目的比赛，如身体基本素质达标赛、轮滑、流行街舞和越野跑等，与大型比赛彼此呼应，穿插进行。通过系统平台，社会团体可向校内大学生发出适合学生参与的运动邀请，足、篮、排、乒、羽、网等球类项目与舞蹈表演、马拉松等火爆赛事。学生线上互动、线下参与更能够增强学校体育文化影响力，积极带动社会体育发展活力，促进社会体育快速发展。学校要力争把现有的学生体育社团和课外体育俱乐部建设成为高标准高质量的校园体育组织，开设多样化的体育热点课程，拓宽学生课外进行体育运动学习的渠道，实体学习与线上学习相结合，提供体育与健康线上课程资源，广泛吸引学生参与。学生通过参与活动，加强了技能巩固，丰富了课外文化生活，同时提高了社会适应能力。

（6）服务功能智能化，分散集中总相宜

“互联网+”与课外体育活动管理系统是一种学习环境的构建，它建立的基础在于云计算、大数据、人工智能等技术的开发与应用，使线上线下全局的构建特征具有智能化。“互联网+”课外体育活动系统依托于经济基础，与质保障、政策支持、文化引导与信息技术的发掘等元素相互作用。系统应用包括运动数据生成、运动数据处理、运动加工、运动数据流通与数据应用各个环节。新型管理模式是利用现代信息技术，根据高校课外体育活动现状、学生特点等运动数据生成。数据来源是指，课外体育活动中，学生通过移动终端登录系统平台，学习运动技术，对课外体育活动情况进行监督记录，同时线上学习支持搜索、社交及其他门户的学习。实体学习则是指通过移动终端或者其他移动设备直接记录运动生成的数据，监测学生课外体育活动状况。泛在学习，指利用任何时间，无论你在何种场合如教室、宿舍、食堂、运动场获取学习资源并且进行学习的过程。泛在学习在这些场合发生后，其产生的数据便被记录，展开数据流动。锻炼生活化，指学生参与非校园内课外活动，学校外部组织的体育竞赛、体育活动。通过数据的感知、记录汇集及处理，数据加工系统依据学习者认知水平、兴趣爱好、学习特征等条件，可以为学习者提供个性化推荐、学习策略、运动处方等。大量应用产生的数据进行流通，同时为管理者评估学生运动状况提供参考依据，数据处理与优化促使教学、科研、学习管理、生活不断提高效能。系统对于数据的捕捉能力极强，实体学习数据、泛在学习数据能够有效捕捉；分散数据及大量集中产生的数据，依托强大的云处理技术，都能够瞬间捕捉。

建立相应的数据库，结合相应的监测设备，对学生的课外体育活动进行智能监测。高校课外体育活动管理依托智能化管理系统，不断拓展课外体育活动的时间和空间。首先校方联合相关技术公司与之合作，公司开发符合学校需求的手机软件，并能够实现安卓、iOS、Windows等手机系统以及穿戴设备兼容，以保证全校学生的使用，同时要配备相应的网络服务器及后台管理软件，用于学生数据的存储、管理、分析、应用，管理系统要与学生校园身份数据相对应，做到精准覆盖、无缝对接；完成后在局部区域内进行测评，针对漏洞，对其进行优化，然后推广到学校范围内。学生通过登录学校统一的运动平台进行运动打卡，如打卡设备、指纹识别设备等。学生可依照自身兴趣参与活动，在运动场地的智能监测设备上进行打卡。学生可以通过个人的智能终端（手机）、智能设备（运动手环，运动手表）等进入学校指定的“课余锻炼APP”进行课余体育锻炼。学生通过输入个人信息登录到学校的课余体育锻炼管理系统，依据数据指标，判断学生的身体状态，并匹配与之相适应的运动强度。系统通过对学生使用前进行GPS定位，监测学生运动情况。

学生可根据实际情况自由选择，锻炼过程中依托智能手机的处理计算功能，实时记录学生的运动时间、运动强度、消耗热量等数据。移动终端通过服务器，将学生锻炼信息数据传输到体育管理云平台，系统依托计算机强大的运算功能及大数据处理对比分子，生成具有指导性的锻炼建议，并给予相应的语音提示，辅助学生进行实时的运动控制。针对不同的锻炼方式，智能监测有不同的检测评价指标对学生的课外体育活动进行有效的监督。

管理者通过学校管理后台可以直接查看学生参与运动的项目、人数、有效体育成绩，各院系班级的具体参加人数、排名等信息。管理者可对学生的数据进行分析、使用，优化学生数据管理格局，节省人力，提升管理效率。教师通过学生个人纵向体育锻炼信息记录的运动项目偏好、个性化锻炼时间（早中晚、每周运动次数、学期运动次数）等信息分析学生运动行为习惯，为体育锻炼指导与课程目标提供依据。还能进行横向信息数据对比，按照年级、性别、专业分别统计活动项目、时间及频次，获取交叉数据，对比了解不同年级、不同性别、不同专业学生运动项目偏好、活动时间分布及活动频率状况。这些大数据为课外体育活动制度的制定与决策提供支持，为教师指导学生锻炼提供信息，为体育场地设施资源的合理分配提供依据。

最后，系统平台可根据学生情况提供技术指导等相关服务推送，通过互联网开辟日常体育课之外的“小课堂”，如技能教学视频、运动健康知识等，为学生提供指尖上的体育课程。通过这种方式来监督学生的课外体育活动情况，不仅涵盖的范围广，而且可兼顾学生的个体差异性。运动时间与运动项目的灵活性，能够促使学生形成自主锻炼的能力，增强学生锻炼积极性。这种管理方式改变以往传统的管理方式，学生独立运动和集群运动能够得到有效监督，大大提高了管理效率，而且不用再像以往人为监督每个学生，节省了大量的人力、时间，并且这种管理更加具有时效性、真实性。

（7）管理特征全域化，校内校外相勾连

“互联网+”课外体育活动管理结合现代化信息技术改变了传统对于课外体育活动数据信息的采集、整理分析方式。课外体育活动管理特征朝着全域化方向发展，通过对资源的合理配置、资源共享化，实现校内校外相勾连。

信息资源的全域化：“互联网+”课外体育活动管理平台优化传统学校课外体育活动的监管方式。通过虚拟化的网络监控，提供开放式的活动环境，同时对体育信息资源加以整合，实现系统平台内的现实资源的共享，拓宽课外体育活动资源利用的深度与广度，全面实现对体育资源的合理配置，开拓课外体育活动的新态势。

时空的全域化：学校对于课外体育活动进行顶层设计，全域统筹，结合“互联网+”信息技术，拓展学生课外体育活动时间范围，根据以人为本的理念，从学生现实需求出发，不对学生锻炼时间做特殊要求，学生根据自身需要，合理安排活动时间，根据场地器材情况择优选择运动项目，最大限度满足学生锻炼的个性化需求，实现资源的最大化利用。教师的工作环境也从固定地点跃到了指尖上，教师不用对学生课外锻炼情况进行考核监督，便捷化的动态监管可以时时为管理者提供学生运动参考数据，为评估学生运动情况提供依据。管理者的评价流程精简化，评价过程便捷化，评价空间自由化。时间上不再局限于某一时间段，空间上也不受限于办公室办公，实现时间空间的全域化。

活动形式的全域化：结合“互联网+”的课外体育活动，组织形式更丰富，活动规模更灵活，活动趣味性更强。学生参与活动线上线下相结合，竞赛具有更多趣味性，更多科技感。活动内容不受限于课堂传授，活动组织也不限于校内，更多地为学生创造多样化的参与方式，创造更加安全和谐的锻炼环境，营造更加良好、融洽的锻炼氛围，增强活动趣味性，提高学生运动积极性，为学生终身体育意识的培养打下良好基础。

第二节　高校课余体育训练管理

一、当前高校课余体育训练的主要状况

“体育学”作为一门专业的学科，是西方近代工业革命以来教育学不断适应“人的健身需要”的产物。它首先是一门“科学”，其次是一门“艺术”，是融人文及科学于一体的一个学科领域。按照当代体育学领域较为前沿的学术主张，体育并不是一种阶段性的“知识增量”，而是一种不断依靠“知识增量”获得存量的实践知识，“终身体育”正是这种理论的一种主张。业余体育训练作为相对于专业体育训练的一种体育实践，在高校中对于群众性、参与性、保健性等功能需求较为明显的学生来讲是一个重要的体育方式，对于建设体育强国、提升高校学生身体素质具有极其重要的功能。但是在实践中，高校课余体育训练还存在这样几个突出的问题：

1. 专业体育指导教师较为匮乏

与其他理论性、课本性导向的教育领域、教育知识不同，“体育”首先是一个关于如何实践、如何践行、如何操作的教育领域，它的出发点和落脚点都在于实践。从这一点意义上讲，高校课余体育训练首先是一个由专业体育指导教师言传身教并见之于学生课余锻炼的过程。但是从高校体育教学现状来看，

受制于学生体育观念“实用主义”属性、大学师资力量投入不足等原因，高校中的学生在开展课余体育训练过程中普遍存在缺乏专业指导等问题。在一些专业性较强的领域如篮球、排球、足球等，因为缺乏专业指导教师的指导，使“课余训练”带有一定的“非计划性”特点。

2. 高校政策当局对课余体育训练重视程度不够

在关于高校体育教学创新的战略定位上，受现有行政计划体制影响，高校分管体育教学的政策当局往往更为重视投资小、见效快的“短平快”体育教学项目，如具有比较优势的体育竞技项目等。但是对于那些投资多、见效慢的“课余体育训练”则不够重视，因此在配套的场地安排、师资力量配备、资金投入、管理创新等环节缺乏系统性的筹划创新。

3. 缺乏对课余体育训练教学管理的“诊断评估”

相对于正规的体育教学（无论是理论教学还是实践教学）所具有的教学体系化特点，现有的高校课余体育训练在“教学管理”上缺乏足够的教学设计，更多地带有学生自发性、偶发性、随意性等特点。在这个过程中，由于学校教学管理者没有针对性地对学生的课余体育训练中存在的问题、个性化的需求等进行及时的诊断评估，未能及时地对相关的课余体育训练中可以提升的变量进行创新改造，从而影响学生对于特定课余体育训练知识供给的满意度，制约当前高等教育质量的整体提升。

二、当前高校课余体育训练中的主要创新趋势

结合对西方发达国家高等教育领域和我国部分高等教育领域课余体育训练中呈现出的共性特点来讲，更为注重课余体育训练教学资源供给的均衡性、差异性、多样性等是一个主要的发展方向，具体来看呈现出这样几个创新趋势：

1. 越来越重视内嵌于学生生活化情境中开展训练

在教育学领域，“生活化教育”代表着一种“生活即是教育，教育即是生活”的教育理念，即把课余体育训练作为一种生活方式，而不是当成一种多余的体育教学负担。在当前高校中的大多数体育教育工作者看来，基于生活化资源开展体育教学、体育教育和课余体育训练等的精髓在于要使教育“立足于生活世界，以人为主体、以生活为中心”，教育的目标、资源、手段、情境等都

应当内嵌于生活世界，而不能脱离学生具体的、鲜活的生活实际。从这一点来讲，当前高校的课余体育训练要加强对大学生生活实际的考量，从他们的生活需求出发设计训练大纲。

2. 越来越重视体验式教育在训练中的重要地位

课余体育训练本身是一种常态性、终身性的训练模式，代表着体育运动倡导的“生命在于运动”的基本理念。因此，任何体育项目的课余训练都应当致力于将为学生提供一个身心愉悦的体验作为教学目标或教学管理目标，确保教学资源、教学主体、教学方法可以围绕着教学目标展开分配布局。同时，从另一个角度来讲，现代体育教育、体育教学理论在建构一般的教学创新模式时，往往将“交互主体性”式的教育作为传统体育教学中“灌输教育”的一种重要的替代方式，致力于在师生之间构建起某种交互式的教学局面。因此，加强学生在课余训练中的“生命体验”已经成为众多高校创新课余体育训练管理的首要考量。

3. 越来越重视户外拓展式实践教学方式

在教育哲学范畴，偏向于实践的教学理念实际上更倾向于从不同的实践类型、实践方式入手开展体育教学，而不是局限于特定的理论教条，其核心的内涵在于“实践哲学关注的是具体的历史的实践行为，而不是抽象的先验的理念活动”。在“全民运动”“全民健身”和建设中国特色社会主义“体育强国”的新背景下，高校中不同的主体如班级、共青团、学生会、社团、党支部等都在积极将“课余体育训练”与党建、团建、集体建设等结合起来，将户外拓展作为一种重要的实践教学方式。

三、当前高校课余体育训练创新的策略建议

在后现代社会，高校中的课余体育训练创新作为一种体育教学创新，应当围绕着学生的个性化需求、人的全面自由发展等目标加强策略设计。具体可以尝试以下3种策略：

1. 实施“体育辅导员”策略

受当前大学师资力量、经费力量等限制，在群众性、普惠性、多元性的课余体育训练创新中，很难完全做到按照一定比例向学生配备专职体育教师。在这种

背景下，可以借鉴“德育辅导员”“生活辅导员”“养成辅导员”等较为成熟的经验，按照一定的体育界别、体育项目等，从高年级大学生中选拔一批专业的、高水平的人向低年级大学生进行课余体育训练辅导。依托专职体育教师定期对这些“体育辅导员”进行培训，使之可以处理常见的课余体育训练中存在的问题，为高校体育教学创新提供后备力量。

2. 开辟课余体育训练的“第二课堂”

上文提到，我们调动高校中大学生的课余体育实践能力，无法脱离具体的生活情境展开。因此，现有的课堂小组划分或者小班建构来开展相关的课余体育训练，基本上都是基于课堂化情境、校园化情境等展开的，带有明显的传统正式教学、显性教学模式等特点。对此，我们建议可以广泛地借助于课堂之外、校园之外的“第二课堂”，比如充分利用校园中的文化民族节日、草坪广场甚至社会化的采风情境、广场舞比赛、社区健身联谊会等“第二课堂”，培育大学生课余体育训练的“精气神”，使课余体育训练成为一种重要的社交渠道，从而更好地使他们实现“全面自由发展”的终极教育目标。

3. 倡导基于学生主体地位的“自主式教学”模式

对于课余体育训练来讲，回归到生活化导向的教育归根结底需要立足于学生们特定的现实生活情境，进行某种意义上的情感“体验”，才能产生灵感的共鸣。因此，要加强小班建构区视角下大学生生活化教学中的互动程度，使教学者可以和学生们形成一种形式上的“交互主体性”和“伙伴关系”的教学格局，实现对灌输式教育、强迫式审美的革命、超越。例如，我们可以在课余体育训练中添加以学生为主体的课程表演、小组点评、竞技比赛等过程，教学者或者其他学生主体则承担起评价者、评委和服务员、仲裁员的角色，用学生的参与式教学加强对教育知识的体验，在这种对体育知识的体验中寻找到课余体育训练的真善美。

第三节　高校体育文化节组织管理

在当前教育改革的新形势下，课余体育活动应充分贯彻“以人为本，终身体育”的指导思想，满足学生不断提升的体育文化需求，实现体育（与健康）课程目标，为素质教育服务。体育文化节是一种崭新的校园体育文化组织形式，它在突出体育的健身性、娱乐性特点的同时，更有利于体育文化与其他校园文化形式的相互交流，对提高学生综合素质、建立健康文明的课余生活方式具有极大的促进作用，能够满足当代大学生参与体育活动的多元化需求。

一、高校体育文化节的内涵

高校举办的体育文化节是一种集健身、娱乐、竞争及教育于一体的校园文化活动形式，它以全校学生为主体，以重在参与、发展个性为原则，通过体育竞赛表演、体育专题知识讲座、体育知识竞赛、体育项目培训、体育演讲比赛、网上体育论坛和体育图片资料展览等途径，让学生利用课余时间参与体育活动，传承和传播体育文化。它既鼓励个人表现，又强调合作与团队精神。这种体育文化形态既包括场馆设施建设的物质层面，也包括体育精神、体育道德、体育价值观等精神层面，既是课余体育活动的一种新型表现形式，也是校园文化的重要组成部分。高校可以利用课余时间开展体育文化节活动，在每年的固定时间内营造具有节日欢庆气氛的体育活动开展环境。运用这种独特的课余体育活动形式，达到学生健身、娱乐的目的，鼓励更多的学生积极参加到体育活动中来，学习体育与健康知识，掌握运动技术技能，感受体育文化氛围。

二、高校开展体育文化节活动的意义

1. 实现高校体育目标的重要形式

在大力推进素质教育，实施体育（与健康）课程标准的新形势下，学校体育目标的设定也呈多元化特征，主要体现在运动参与、运动技能、身体健康、心理健康和社会适应能力五大方面。体育文化节作为课余体育的新型表现形式，对学校体育总目标的实现有着至关重要的作用。在体育文化节开展期间，通过丰富多彩的体育活动形式和内容，创造一个健康文明、公平竞争和积极向上的校园体育文化环境。教师尤其体育教师应该充分发挥其主导作用，通过“传道、授业、解惑”等方式向学生传授体育知识、技术与技能，并身体力行地参加体育活动，为学生参与体育活动起到表率作用。通过示范和身教等形式传播体育文化，指导学生追求健康文明的生活方式，帮助学生树立正确的体育价值观，培养坚韧不拔的意志品质。体育文化节必将成为校园文化建设中参与人数最多、持续时间最长的课余体育形式，并对学生的课余生活和将来进入社会从事各方面工作产生深远影响。

2. 促进学生参与课余体育活动有效手段

目前，学校课余体育活动主要有两种表现形式：一是自主性课余体育活动参与形式，即学生独自参加，或和同学一起参加以及自愿加入学校体育社团等；二是管理式课余体育活动参与形式，即为了保证学生参与体育活动的频数和强度，学校组织的强制学生按照相关规定参加的体育活动形式，诸如早操、课间操、院系或班级间体育竞赛等。然而，相当一部分高校对学生课余体育活动的开展没有进行科学有效的计划和安排，致使学生课余体育活动处于“自生自灭、自由发展”的无序状态。和传统的课余体育活动形式相比，体育文化节的显著特点是内容丰富、项目众多，开展形式灵活多样。学生可以根据自己的体育兴趣、自身特长和条件等选择相关体育活动项目的内容或形式，能够使更多的学生有机会参加到丰富多彩的体育活动中来。

3. 高校校园文化建设的重要组成部分

校园体育文化是校园文化的一个下位概念，将体育文化纳入校园文化建设，通过校园文化对体育文化的指导和引领，将体育文化传播和校园文化建设相结合，为校园文化建设提供更加有效的途径，打造更好的平台。开展体育文化节活动为高校素质教育的深入开展提供了更为广阔的舞台，就像学校每年会定期举办具有文化内涵的体育盛会、体育大联欢或体育派对一样，吸引更多的学生来参与，提高他们参与体育活动的积极性，使学生对体育活动的参与变被动为主动。从这个角度来看，体育文化节的开展并不是简单地代替早操、田径运动会等课余体育形式，而是具有深远意义的校园体育文化资源的优化与整合。它是课余体育活动在组织管理上的创新，为校园文化建设注入了新的活力，引领校园文化建设和课余体育开展的潮流，形成校园体育的新风尚；既具有体育自身的特征，又具有校园文化的本质属性，是校园文化建设的重要组成部分。

三、高校体育文化节的组织管理

1. 转变课余体育的开展理念，弘扬体育文化节的主旋律

学生在课余体育活动中较少受到体育课堂上那些固有规则的限制，活动

自选，发自内心，倾情投入，展现自我，充分体验运动的乐趣。因此，传统的组织形式已经不能满足学生对课余体育的需求。要想改善课余体育活动的效果，使其真正成为素质教育和全民健身计划实施的有效途径，体育教育工作者必须具备先进的教育理念，以促进学生的全面发展为指导，树立面向全体学生的“快乐体育”观念。体育文化节是以校园为空间范围，以学生为参与主体，项目内容非常丰富的新型课余体育开展形式，充分体现“健康第一”的指导思想，是非常独特的群体文化形式。开展体育文化节活动，摆脱传统课余体育形式的桎梏，可以提升学生的公平竞争意识、顽强拼搏的精神、协同合作的思想理念，进而提升学生的创新能力。它以与时俱进、丰富且具有趣味性的体育活动项目吸引学生的注意力，更好地发挥体育活动的教化作用，使学生在参与体育活动，掌握运动技能的过程中加深对体育文化的认识，最终使学生的综合素质得到显著提升。

2. 加大体育文化的宣传力度，转变学生体育活动的参与观念

高校学生对体育文化的认识还不够深刻、不够全面。要想充分发挥体育文化节的功能和作用，必须加大对体育文化节的宣传力度，进而改变学生对课余体育诸如早操、校田径运动会等僵化、单调形象的认识。首先，利用学校的各个部门来加强体育文化节活动宣传工作。一般来讲，高校在开展体育文化节及其相关活动时，体育教学部、团委、学生处及学生社团等都会参与其中，密切合作。体育教学部充分发挥其组织和技术优势，做好体育文化节的具体安排；学生处、团委、学生社团等尽可能做好学生的组织工作，可以借助学校的各方力量共同推进体育文化节的开展。其次，充分利用校园媒体做好宣传工作，营造体育文化节的节日气氛。校园媒体主要包括广播站、校园网、校园里随处可见的宣传栏等。最后，在体育文化节结束后及时做好总结工作，为下一年度体育文化节的顺利开展总结经验教训，促使工作不断完善。高校开展的体育文化节活动不仅面向全校学生，也可以扩展到教师群体，甚至包括学生家长和周边居民，有利于学校、教师、学生与家庭和周边居民等社会因素的沟通了解，优化高校教书育人，培养人才的人文环境，有利于学校社会形象和地位的不断提升。

3. 优化体育项目设置，突出鲜明主题

体育文化节的开展，能否营造出预想的浓厚节日欢乐气氛，能否激发学生的参与热情，吸引更多的人关注，关键在于体育文化节项目设置是否合理。因此，高校在体育文化节内容的设置方面，必须充分考虑大部分学生的基本运动能力和兴趣，比赛项目设置应该更加全面，更具有趣味性。除了跑、跳、投等田径类项目外，竞赛项目应多元化，满足不同体育参与爱好者的需求。结合“健康第一”的指导思想，根据高校课余体育开展的实际情况和学生的体育需求，可将体育文化节的内容设置为四部分，即传统竞技类体育项目、健身健美类体育项目、休闲娱乐类体育项目和体育文化传播类项目。

各高校在体育文化节的内容设置方面，要注意结合自身特色，引入传统体育文化，开展当地民间民族传统体育项目的比赛、表演与知识竞答等。以延安大学为例，在开展体育文化节活动的过程中，可借助于延安特殊的红色文化条件，引入红色运动会的项目元素，将中国共产党领导下的革命战争时期涌现出的英雄人物及其感人事迹等红色文化元素巧妙融入体育竞赛中，甚至还可以加入一些歌舞或战争情节元素，使参与者在实现健身娱乐目标的同时，更可以通过这种途径接受革命主义思想教育，发挥其弘扬红色文化和进行爱国主义教育的双重作用；也可引入安塞腰鼓、秧歌等民间传统项目，增强大学生对当地民间传统体育文化的了解。每一届体育文化节都应该根据当年学校体育工作的中心任务，有侧重地具体确定它的主题，以鲜明的主题词来反映本届体育文化节的具体目标和开展形式。比如，以“我运动，我健康，我参与，我快乐”为主题，以“团结、协作、拼搏、创新”为主题，以“走进大自然，走进阳光下，走向操场，拥抱健康”为主题等，使学生明确活动的目标，得到激励。

4. 规范组织管理，保证体育文化节的顺利开展

规范组织管理工作，是体育文化节活动顺利开展的重要保障之一。它既要遵循一般节日活动的规律，又要满足体育运动特征的要求。高校体育文化节的开展，必须要建立相应的管理机构，专门负责该项工作，也要明确体育文化节管理机构的层次与各部门的职责要求。具体的做法为：建立以校长或主管体育工作的副校长为主任，以体育教学部竞赛主管部门、教务处、校团委、学生处、财务处、校医院等相关部门负责人为成员的体育文化节领导委员会，下设办公室、活动组织部、新闻宣传部、安全保卫部四个部门。其中，办公室主要负责体育文化节活动开展过程中各方面的联络、沟通、协调、督促、检查等工作；活动组织部主要负责制订体育文化节活动总体方案和具体实施方案，包括时间安排、项目设置、规则裁判、场地设施调配等；新闻宣传部主要负责组织广播站、校园网、校报等新闻工作人员做好体育文化节宣传报道工作；安全保卫部主要负责体育文化节开展过程中安全、消防、秩序维持等工作，确保活动顺利进行。

5. 合理规划体育文化节的时间和形式，建立高效实用的运行机制

高校体育文化节活动要顺利开展，必须建立一套高效实用的运行机制，制定科学合理的活动规程。根据学校体育工作的目标，确定体育文化节开展的主题与主题词、活动目的与任务、主办单位与协办单位、各类体育活动开展的时间与场地、参加人员、裁判等工作人员安排、比赛规则要求、奖励办法等。体育文化节活动由于内容设置丰富，参与人群广泛，因而其时间跨度相对较长。具体时间跨度和组织形式应根据参赛人员和比赛项目设置的实际情况确定，可采用多层次、分阶段、分散与集中相结合的组织形式。体育文化节活动的开展可分为两个阶段：第一阶段为预赛阶段，可采用分散的形式，在体育文化节领导委员会的总体部署下，由体育教学部具体安排，学院各自负责并完成，学生可以班级或寝室为单位在课余时间或双休日参与；第二阶段是复赛或决赛阶段，包括开幕式、总决赛和闭幕式等环节，采用全校集中的形式来进行，需要3～5天时间，集中的时间不安排教学工作，以学校法定假日形式营造热烈欢庆的节日气氛，将体育文化节活动推向高潮。同时，体育文化节的开展应尽量避开酷暑和严寒季节，以春秋季为宜，还要避开学校其他重大活动和国家重要节假日，避开学生的各类考试时间。

6. 培养和使用学生裁判，发挥学生主动性和积极性

高校举办体育文化节活动，需要相当数量具有敬业精神和专业素养的裁判员，这也是保证此项活动顺利开展的关键之一。体育文化节活动本身所具有的项目设置内容丰富、参与人群广泛等特征，决定了仅仅依靠体育教师和体育专业学生负责裁判工作是远远不够的。因此，在开展体育文化节之前，要针对裁判工作进行专门的人员培训，或者在学校的公共选修课中开设相关项目的裁判选修课程，组织各项目的裁判等级考试，并颁发等级证书。这样不仅提高了体育文化节活动开展的裁判队伍素质，增加了裁判队伍的数量，同时也是素质教育的要求和体育体制改革的需要。在体育活动的开展中，充分体现学生的主体精神的培养，注重发挥学生的主动性、积极性和创造性，培养学生的个性和能力，最终培养他们参与体育活动的兴趣。高校学生的学习能力较强，文化层次较高，知识面相对较宽，通过学习和培训，一定能胜任体育文化节各项活动的裁判、后勤服务和组织竞赛工作。尤其是在各学院预赛的第一阶段，从报名、秩序册编排到裁判工作，可以大胆使用高年级学生作为工作人员，让更多的人参与进来，给每个学生都提供发挥自身特长的机会，让学生在参与各项工作的

过程中培养体育文化的认同感；也可以请体育教师或体育专业学生进行工作指导，使学生有机会参与体育文化节的组织管理工作的全过程，培养学生各方面能力，充分发挥学生在体育活动中的主体作用。

第六章　高校体育教育发展管理模式探究

第一节　高校体育素质教育及发展模式研究

一、高校体育素质教育概述

在风云变幻的当今世界，素质教育的推出已经成为高校学科教育的共识，体育肩负着现代社会和未来社会发展中国人民身体素质的重任，实施素质教育对于高校体育发展既是挑战又是机遇。因此，作为高校体育教育工作者，应当深入研究高校体育素质教育内容，不断提出实施素质教育的新方法，为提高学生体育素质和培养全能人才而努力。

（一）高校体育素质教育发展的基础理论

在当今社会，高科技带来了前所未有的发展，但是随着脑力劳动的加强、体力劳动的相对滞后，人们的机体功能下降，心理压力随之上升，对人们的身体健康提出了挑战。在1997年北京召开的世界精神病学协会大会中，专家就提出了一种惊人的说法：人类从“传染病时代”“躯体疾病时代”走到了今天的“精神病时代”，强调了心理疾病对人体健康和生命的危害。面对人体肢体活动日渐减少的现状，体育这一灿烂的历史文化的传承让人们看到了黎明的曙光。它作为一种独特的切入形式可以有效满足人体对于身体健康的要求。因此，高校中的体育教育承担着社会体育发展的重任。传统的学校体育教育以给高一级学校选拔体育人才为目标，注重体育项目的训练，而忽视了学生的主体地位，对于学生的兴趣爱好没有充分地关注，导致学生学习兴趣不高。因此，社会呼吁体育素质教育，以发展学生的个性体育能力为目标，从而适应社会的和谐发展。

（二）高校体育素质教育的研究内容、结构和基本特征

马斯洛的层次理论提出，人只有满足对体育的低层次需求之后，才会对高层次产生需求。高层次的体育需求成为人们生活方式的基本组成部分，我们把它作为体育素质教育的基本内容。另外，随着社会知识型人才的需求不断增加，人类对体育的需求也在不断地增强，体育素质已经成为一个人必备的素质。社会对人的体育素质需求决定了高校体育素质教育的内容，大致分为两点：一是体育方面的理论知识和基本技能；二是是体育能力，即良好的体育行为习惯。关于素质体育的内涵有不同的呼声，有人把它分为三个方面，即生理层面的体育素质、心理层面的体育素质、社会层面的体育素质。总之，体育素质包括体育思想素质、体育道德素质、体育审美素质等方面。对于高校的体育素质教育，一定要在满足最基本的，才能加强对于体育审美、体育个性的发展。传统的体育教育在教育的基本特征上，更注重统一的考核标准，要求体育课堂以教师为主，讲究严格的纪律。学生的思想不能融入体育之中，这极大地限制了学生个体的体育发展。比较而言，现代的体育素质教育更注重人性化发展，注重个体差异，以发展的眼光来培养学生终身体育意识，能够充分调动学生积极性，从而提高学生积极主动的参与意识。综上，我们把高校体育素质教育的特征归纳为全体性、全面性和个性化。

二、高校体育素质教育的发展

（一）高校体育素质教育研究的发展现状

1. 教育方法缺乏针对性和客观性

目前，我国高校的体育教学研究还缺乏一定的针对性和客观性。教学的目的主要集中在试图通过抽象的理论观点的说教来确定学生理想的人格和掌握现代化的体育技能。这种教育理念和当代大学生的心理形成了巨大的反差，很难引起学生的学习兴趣，而且诱发了学生的逆反心理。在体育教学方法上，缺乏理论和实践的紧密结合，没有配套而有效的教学体系。于是在高校体育课堂上，教师针对一个动作认真地教学，而学生在一旁漠视，教师讲解形同虚设，学生学习漠不关心。高校体育教育缺乏以现代教育思想为指导的人才培养目标。

2. 教师观念缺乏创新性和实践性

为了确保体育教学质量有所提高，对高校体育教育工作提出了新的挑战。然而现阶段由于专业研究水平的限制，不能树立正确的教育理念，缺乏对学生的尊重，缺乏对新的教育理论的学习和新的教育方法的创新。还有一些教师计算机应用水平较低，不能利用现代化网络技术进行教学，缺乏教研科研能力，给体育素质教育发展带来了一定的局限性。因此，新时期高校体育素质教育要求教师必须具备丰富的专业知识和综合知识，能有效地组织教学，创新教学方法，具备竞争能力、写作能力和操作能力，从而推陈出新，为高校体育素质教育提供必要的保障。

（二）高校体育素质教育未来发展趋势

1. 增强普及意识

面向全体学生实现高校体育素质教育，首要前提就是面向全体大学生，转变教育理念，积极调动学生的学习兴趣，动员学生多参加体育课外活动，比如俱乐部等，并且制定相应的制度，从而保证参加的效果。高校体育素质教育的普及不是一个人的行为，而是全体教育者的责任，需要体育教育者根据学生的活动能力、运动能力和对体育文化的认知能力，创新地组织一些大学生喜闻乐见的体育活动比赛，从而激发学生的学习热情。有关部门对于一所大学一年级新生进行了一次调查，结果显示有75%的人认为体育就是跑步、打球；有80%以上的人不能运用体育课学到的体育技能进行体育锻炼；15%的学生只是粗浅地学过一两种体育项目。由此可见，体育教育的发展水平与基层的学生体育意识普遍存在差距。我们可以借鉴一些发达国家的做法，从初高中开始对学生的体育素质教育进行深入，把以往的“应试教育”变成“素质教育”，促进全民健身，这样才能提高高校体育素质教育能力。

2. 提高综合素质

为完善教育体系，高校体育素质教育的任务不仅在于“身体”，还在于“心理”。除了在教学方法和教学技能上教师要提高业务水平之外，关于学生心理的教学方法也要有所转变。体育素质教育应当侧重于体育品德素质、体育心理素质和体育个性发展的培养。

①注重体育教学中品德素质教育。实践证明，当今社会需要的是德智体美劳全面发展的人才。面对全体大学生，加强体育品德建设尤为必要。高校教育组织者要对课堂体育教学中学生的表现密切关注，以促进正确的体育思想品德形成。同时，学校还应当建立健全思想品德教育体系，培养学生积极向上的人生观、价值观、集体主义、团结等美好品质，养成良好的文明习惯等。

②注重体育教育中心理素质培养。拥有健全的人格，才是健康的人。21世纪的新型人才是复合型人才，要具备健康的心理、良好的品格、正确的行为习惯。因此，在高校体育教学中加强学生兴趣方面的引导，培养学生自尊、自信、自强的心理素质，促使学生和学生之间建立和睦、团结、互相尊重等密切关系，对于学生不良心理表现应及时梳理，从而培养其积极的人生态度和价值观念。

③注重体育教育中个性发展培养。我们的时代需要共性发展，更需要个性发展，需要具有创新精神和探索意识。因此，在高校体育素质教学中，要加强个性化教学，根据学生兴趣爱好，不断进行鼓励和培养，从而促进大学生体育的个性化发展。

3. 开拓教学空间

丰富教学手段，在做好体育课堂教学研究的基础上，不断拓展体育素质教学的空间，可以根据学生强烈的求知欲望和独特的审美能力，增加体育教学内容。比如可以根据学校所在地区，进行一些具有民族风情的民俗体育教育活动，比如划龙舟、舞龙狮等，利用丰富多彩的形式为学生拓展体育学习空间。学校还可以定期聘请专家进行体育讲座，将单纯的口述与电教设备相结合，增加体育知识的趣味性，丰富体育知识的同时，学生还可以提高审美水平。同时，可以开展一些与体育教育有关的基础课程学习，比如运动解剖学、运动生理学等，在这些知识的基础上，学生进行科学合理的体育学习，利于身心健康发展，避免体育风险。另外，普及一些运动创伤救助知识也非常必要，学习创伤急救、康复训练和恢复训练等，可以有效地提高学生的安全意识；对于体育中出现的紧急情况可以组织学生提供有效的救助，培养大学生的动手能力和社会实践能力。大学生还可以利用假期走近群众，在广场或者小区进行全民健身倡导活动，有利于掌握丰富的社会经验。

第二节　高校体育教育教学管理模式构建的理论

一、构建高校体育教学模式的一般步骤

在构建一所学校的具体体育课程模式时，力求每所学校都要构建符合本校实际的个性化的课程模式。目前来说，一个完整的课程模式的构建应包含以下五个步骤：理念更新、目标整合、学科构建、生理构建、心理构建。以这五个方面为基础构建体育课程，可以完整地设计出符合本校特点的个性化的课程模式，这种模式具有操作意义。

（一）理念更新

在近年来的高校体育课程的发展过程中，高校体育改革理念发生了巨大的变化。可以说，理念的更新改变了过去指导纲要的要求，在构建课程模式的过程中出现了多元化、多样性的特点。但是，对于一所高等学校来说，在建立符合本校特点的课程模式时，理念更新并不是指照搬《全国普遍高等学校体育课程教学指导纲要》以下（简称《指导纲要》）中提出的理念，而是《指导纲要》提出的理念为依据，提出各校有个性化特征的、符合本校实际的新理念。

我们决不能忽视理念更新在构建体育课程模式中的重要作用。往往对某一课程模式进行命名时，其名称反映的是符合本校特点的理念更新，既符合《指导纲要》的共性理念，又反映学校特点的个性理念。例如，北京高校的“完全开放式课程模式”、上海交大的“立足需求、构建整体改革、立体运作课程模式”、长城旅游学院的“定向拓展、成套组合”等，这些课程模式的名称，往往集中反映了理念的更新。①

①董芹芹．体育项目管理［M］．武汉：华中科技大学出版社，2018.

（二）目标整合

实施体育课程标准的操作思维方式包括分解和整合两个方面。当我们要介绍体育课程的目标体系时，可以把目标进行分解。例如，《指导纲要》中就把课程目标分为了总目标和具体目标。具体目标包括基本目标和发展目标的五个

领域：运动参与目标、运动技能目标、身体健康目标、心理健康目标、社会适应目标。这是认识课程目标体系的必要途径。但当我们构建体育课程模式时，就不能再采用分解的办法，也不宜采用对号入座的办法，而是要实现对课程目标的整合，把课程目标和学校的客观条件结合起来，和学生的实际需求结合起来。根据教学经验，对目标进行选择和整合，最终使课程目标转化为有利于操作的学习目标，这也是课程实施中的重要整合。高校体育课程目标整合的具体含义就是根据2002年教育部颁发的《指导纲要》，结合学校的培养方向、学生和学校的发展需求以及学校具体发展目标对体育课程目标重新设计，使目标更加准确、切实地反映学校体育课程要求。

（三）学科构建

体育课程的学科构建是指体育课程的内容构建和实施以及评价，具体包括四个部分：一是教学内容分类、选择的原则与方法，二是单元构建，三是教学组织形式，四是课程评价。

1. 教学内容分类、选择的原则与方法

（1）教学内容的选择

高校体育课程教学内容比起基础教育体育课程的教学内容有其自身的特点：它更加追求学生的个性，更加强调学生的需求，也更重视学生终身体育的养成，因此，内容更加广泛，更加具有选择的余地。课程内容一般包括理论知识类内容、技能类内容、拓展类内容、情感类内容。学校根据具体情况和需求，对内容进行分类，例如，长城旅游学院把教学内容分为基础、专长与拓展三大类；有些学校是根据学生需求把内容一一罗列，供学生自主选择。

理论知识类内容包括相关体育理论知识、保健知识、运动处方及有关项目的知识等，主要是提高学生体育文化素养，让学生学会自我锻炼的方法并能够自我评定。

技能类内容包括基础技能和专项技能。

拓展类内容是顺应终身体育观的形成，而开发的新型运动项目，它包括适应日常生活的生活类体育项目和走入自然环境的生态类体育项目，处理应急事件、维护安全的生存类体育项目，适应现代生活的时尚类体育项目。

情感类内容在学生运动过程中得到体现，包括体育兴趣爱好的培养、体育习惯的养成、体育意志品质的培育、体育价值取向的定位以及良好体育态度的形成。

（2）选择原则与方法

根据学校的不同需求，对体育教学内容的选择采用的方法和原则各校有所区别。例如，对于基础类，可包含一般身体发展练习，以及在中学阶段已学过的各种内容，可安排在各个教学单元内。对于专长类内容，可提供多种内容让学生自主选择。对于拓展类内容，可以采用小型化、课题化的形式为学生进行广泛的介绍，教学时数可以少一点，不以重复单元出现。又如，采用教学俱乐部的形式或完全开放式的课程形式，开设各种专项、各种类型的课程，完全由学生自主选择，教学内容的组合可以采用主项选修、副项搭配的形式，也可以采用成套选择的形式。对于专业特点明确的专科性高校，还可以安排与专业密切相关的项目。

2. 单元构建

高中和高校体育课程目标有所区别，因此，高中和高校单元构建有所不同。区别在于高中单元构建主要是形成稳定的爱好和特长，因此，单元构建中一般采用模块组合。一个学年的教学可以由多个模块组合成不同的单元，在学生选学的有利于形成稳定爱好和专长的教学单元中，又可实施主项必修、副项选修的教学方式。主项和副项既反映选择与基础的关系，又实现了互补关系。副项除了实现身体基本活动能力的发展之外，还对主项起到了补偿、追加、准备和放松、拓展等多方面的作用，力求提高学生学习效果。单元构建侧重于学习内容具体实施，让学生形成稳定的爱好和专长。

高校体育课程主要是发展学生个性，为学生提供个性化的内容，因此，单元设计侧重于对学习内容的选择。有选项必修、专项选修、提高课等，甚至有些学校出现了特色教学项目、兴趣选择项目。为了适应学生不同层次的需求，有些课程正向着小型化和课题化的方向发展。

3. 教学组织形式

我国综合性高校体育课程的教学组织形式，基本上已经改变了原来的教学班，按照上体育课的要求重新编班，均要求在一所学校的教务部门的统一调度下，对课程的总课表进行统一调整。这种调整有两种方法，第一是把一些课时确定为学校选修课时，完全按照学生所选科目开课，此时完全打破了班级和年级的界限，这种方式还可能发展为完全开放式教学。进入21世纪后，北大、清华等高校体育课采用了三自主的方式来上课，包括自主选择运动项目、自主选择任课教师、自主选择学习时间，这种授课方式已完全打破了固定班级授课制的框架，体现了新时代的特征。第二是几个班级安排在同一时间上课，打乱各个班级的界限重新编班。一些规模小的专科性学院，继续保留着以原教学班为单位的授课制度，但是教学内容重点考虑了专业对体能与技能的需求。

4. 课程评价

体育课程的评价较以前有所变化，不再把重点放在学生技术评价上，而是关注学生对体育的态度、参与的积极性、体育知识与技能的应用以及社会适应能力上。

（四）生理构建

所谓生理构建是用生理学的知识来构建体育课程模式，一般包括两个方面：一是安全健康地从事体育运动，养成科学锻炼的习惯；二是把运动处方引进体育课程领域，使每个学生的体育锻炼适合学生个体的生存发展条件。这在体育课程模式中已经有所阐述。

（五）心理构建

心理构建是指用心理学的知识进行课程构建。在我国众多的体育课程教学模式中已有所体现，比如，快乐体育教学模式、成功体育教学模式、创造教学模式等。这些模式均是建立在认知心理学基础上，讨论的是学生的心理发展问题。

二、高校体育教学的思想发展历程

第二次世界大战以后，世界上分裂成为以美国为首的西方集团和以苏联为首的东方集团，再加上第三世界的广大区域。在不同的政治体制及文化背景共存的条件下，课程理论也形成了巨大的区别。世界的分裂造成了课程理论的分裂，不同的课程理论在不同的区域范围同时实施，因此，课程理论即便有变革，也是区域范围内的变革，谈不上是世界性的发展趋势。

20世纪60年代以后，教育课程的自身规律受到关注，情况就发生了变化。20世纪60年代和70年代，分别出现了两次带有世界意义的课程理论变革。

20世纪60年代课程理论变革的主导动向是“学问中心”，或称为“学科中心”。1957年，苏联人造卫星对以美国为首西方世界产生了很大的冲击。美国认识到由于基础教育落后导致国民科学水准下降的现实，对原来的实用主义教育进行了反思，致力于学校教育内容进一步科学化、现代化为特征的课程改革运动受到了美国朝野的重视，这就是学科中心课程理论提出的社会历史背景。

开始使用“学问中心课程”这一术语的是古德拉德。他在1966年说过：“如果说前代的课程开发是以社会中心为特征的话，那么，这次课程开发就得名为学科中心或学问中心了”。①

①周遵琴. 高校体育教学改革与发展[M]. 成都：电子科技大学出版社，2015.

学科中心论的特征包括三项：第一是学问化。杜威的实用主义教育提出：“学校必须是生活本身，而不应当是单纯的生活的准备”。换句话说，生活就是教育。而布鲁纳则提出“把人类认识最前哨的日益深刻的见识反馈给我们的学校”，这绝不是单纯的生活体验，而是从学术性中抽取营养，首先考虑的应当是学术性，然后才能考虑青少年的特点和社会的一般需求。第二是专门化。专门化即反对学科的综合化。学科中心论者反对开设综合理科，主张开设物理、化学、生物；反对开设综合社会科，而是突出地理、历史和经济。第三是结构化。结构化是重视每一门学科的基本概念和原理。提出概念化就是抽象化，这是一种深化理解和减少复杂性的思维方式，在此基础上才可以揭示对象的类型和关系，以求得到理解。

什么是人本主义？人本主义主张统一学生的情意（affect）和认知（cognition)、感情（feeling）和理智（intellect)、情绪（emotion）和行为（behavior)。也可以把人本主义课程理解为情意课程，也有人把这种课程称为“人性中心课程”。

人本主义课程不像学科中心课程仅仅把重点放在智力上，它以“人的能力的全域发展”为目的。因此，除智力以外，情绪、态度、理想、价值均是教育过程应当关注的重要领域。

什么是人本主义课程的本质？使教育界人士感到欣慰的是，学科中心论的积极提倡者布鲁纳，紧紧抓住了社会发展的脉搏，在自我批评的基础上，用简洁、直观的方式提出了人本主义教育本质的答案。布鲁纳说：“我们必须少说一些学科结构，更多地谈论学习者和他的学习结构。”这句话最清楚不过地表明了20世纪70年代课程改革的方向——人本主义课程。这种课程论主要是追求“学生中心”学校的复兴和“学习者中心”课程的构成。

人本主义课程的特点则包括如下几个方面：①学校的重心，从高校学者书斋的学问知识过渡到尊重学习者的本性和要求。②承认学生的学习方式同成熟学者的研究活动有着重大的质的差异。③学校课程必须同学生的生活及现实的社会问题联系起来。在我国，从20世纪50年代学习苏联体育教育理论之后，学科中心论一直占据主导地位。1978年后，我国恢复了原有的教育制度，但教育观念一直沿着原来的轨迹发展。直至20世纪80年代中期，《中共中央关于教育体制改革的决定》颁布后，迎来了体育课程的新局面。

人本主义课程观的影响也是世界性的。它以1972年联合国教科文组织发表《学会生存》为标志，对世界各国的教育改革产生了促进作用，也对体育课改革产生了推动作用。但是各国的进展不是同步的，同时反映了各国的不同特征。

人本主义体育课程主要表现为两个方面的特征，其一是由学科结构向学习结构的方面转移；其二是由关心技能或体力发展向关心技能、体力、情意协调发展的方向转移。

强调学科自身的逻辑与规律形成的“学科结构”，忽视学生的身心特点和个性需求，把体育内容变为由多种项目组成的、全体必须学习的、有统一规范要求的课程结构，它是以学科自身为中心来设计课程的。而学习结构则主要考虑学生的身心特点和个性发展的需求，把体育内容变为由多种项目组成，同时可以供学生或教师选择的，既强调统一性又强调灵活性的课程结构，它是以学习为中心设计课程的。

美国的体育课程历来就没有统一的大纲，各州的体育课程各有特点，而且体育课程的纲要有很大的灵活性，教师执行课程方案有很大的自主性和灵活性。越是到高年级，学生选择课程内容的范围越广泛。近年来，单是课程的模式就有多种，如竞技体育模式、社会体育模式、社会责任模式、健身体育模式和学科联系模式。很明显，美国的体育课程进一步向适应学生身心特点和个性发展的需要发展。

苏联在20世纪80年代初实施了综合性体育教学大纲，一方面把体育作为基本组织形式而处于核心地位，另一方面把各种课外体育活动纳入综合性大纲的范围。到了20世纪90年代，又实施了选择性教学大纲，学校可以根据各自的具体情况，从规定的多种教学大纲中选择，一定程度考虑了学生的个体要求。这五种教学大纲是综合体育大纲、以发展运动能力为主的体育教学大纲、形成性体育大纲、竞技性体育教育大纲、农村小学专门健身大纲。此外，在教育内容的选择方面，也扩大了学校的自主性和教师执行大纲的灵活性，以及学生自主选择的范围。

日本从1978年开始，对原有的大纲进行彻底的改革，使体育教学进入到日本第三次改革的洪流之中。这次改革规定体育与保健理论和体操为必修科目，其余体育项目均作为选择必修科目，可在一定范围内由学校或学生选择学习。此外，除理论教学规定教学的时数外，其他科目均没有规定时数比重，可由教师自由量裁。

以知识技能为中心或以提高体力为中心的体育理论仍然是学科中心论在体育课程领域中的反映。人本主义的课程理论表现为既要重视知识技能，又要重视提高体力，更要重视人的情意发展。换一句话，人本主义体育课程要实现的是人的全面素质的提高。

在这方面，当前世界发达国家的体育课程理论的发展趋势是比较一致的。例如，在继续提倡掌握体育与保健的理论知识，提高对体育的认识，掌握必要的体育技能，提高体力，增进健康的前提下，发展个性，培养能力，养成锻炼身体的习惯，提倡体育生活化，通过交往促进人的社会化，提高勇敢、顽强、坚韧等心理素质。值得关注的是，很多国家提倡快乐体育课，提倡终身体育观，为此特别提倡提高人的自我教育和学习能力，这包括自我锻炼、自我评价和体育适应社会生活的能力。我国教育方针指出，应该使受教育者在德育、智育、体育方面都得到发展，但实际上现在这似乎成了一句口号。从目前的情况看，多数高校对待学校体育工作的态度都是说起来重要，做起来不重要。学校更关心的是学校的招生、就业、专业排名、学科建设、科研经费、项目及学校的排名等问题，学校体育工作作为非主流的学科被置于边缘化状态。目前，我国青少年体质健康水平持续下降，引起了党中央、国务院的高度重视，要求教育部门要着重加强学校体育工作。教育部采取了一系列加强学校体育工作的措施。在此背景下，部分学校的体育工作确实得到了重视和加强，但也有相当多的学校把国家加强学校体育工作的措施看成了负担，采取回避、应付、观望的态度，措施并没真正落实到位。造成这一状况的主要原因之一，是学校的认识问题。

学校体育部门是主导学校体育工作的核心力量，管理人员的素质、认识水平、责任心是决定学校体育工作成效的关键。从目前了解的情况看，相当比例的高校体育管理人员进取心不强，长期不作为，只要上几节体育课，学生不出现大的伤害事故，平平稳稳就行，不想多事，也不想揽事，对上级的要求能应付过去即算是完成了任务，很少站在国家的层面来思考学校体育工作对培养全面发展人才的重要性，也很少主动改变学校体育长期以来的运行现状。同时对发挥学校体育在全面人才培养中的作用，在校内外争取资源和打造学校体育的发展平台缺乏足够的勇气。

学校领导层和与体育工作密切相关的职能部门中普遍存在着“学校体育是高校学生课余闲暇之时随便玩玩”的观点，体育工作只要不影响学校的主要工作，还都是支持的。但如果产生矛盾了，往往会首先对体育工作提出反对意见，甚至会把体育上的所作所为，看成是多事和添乱，这是高校体育中普遍存在的现象。之所以会这样，问题的关键还在于认识，学校领导层和学校相关职能部门的管理者缺乏对学校体育工作的深刻认识。对此，刘延东副总理在2014年全国学校体育工作会议上明确指出："目前对学校体育工作的意义认识不到位，从社会、学校到家庭片面追求升学率的现象比较严重，现在确实存在重智育轻体育、重营养轻锻炼、重技能轻体能，学校体育仍然是个短板，因故挤占或停上体育课的现象仍然比较普遍。"

中外众多的著名教育家就体育对人才培养的作用有着诸多观点，从中反映出体育教育对人的全面发展的不可替代作用，著名教育家对体育认识之深刻是值得高校领导层和相关职能部门管理者认真反思的。由于自身管理团队和学校领导层及相关职能部门管理者对高校体育工作认识上的不足，要深化高校公共体育的改革确实会遭遇到诸多的阻力，这是高校公共体育深化改革首先要解决的关键问题。

目前，我国学校体育工作中遇到了许多难以回避和需要依法解决的矛盾，譬如，由校园运动伤害、运动猝死等引起的纠纷。我们知道，法制是治国、治校的根本保障，完善的法制建设可为学校体育工作的开展和深化高校公共体育改革保驾护航。

截至目前，我国涉及学校体育的法律法规还十分欠缺。一是我国的学校体育立法数量偏少。除了有《宪法》《体育法》《教育法》等少量法规以外，其他绝大多数都是以"通知""指示"等形式出现的，不具有法律效应。在执行"通知""指示"的过程中，当遇到了法律纠纷而无法解决时，"通知""指示"的效力和权威性将不复存在，这无疑会对学校体育工作的开展造成阻碍。二是法律空白，立法滞后。特别是有关体育教学风险的界定和规避，立法几乎是空白的，由此造成了目前学校普遍出现的现象，如为了规避事故责任，删减了大量有风险的体育教学内容，如体操、长跑等。三是监管和评价机制不完善，体育教学活动缺乏相应的监管机制和评价机制作为保障。由此可见，缺乏学校体育开展的法制保障，严重阻碍了学校体育改革，以致影响到高校公共体育深化改革的步伐。例如，教学评价的标准较高和忽视对学生的区别对待是因为没有很好地坚持"从实际出发原则"。教学内容陈旧、单一，学生学习兴趣差，实际上是没能够很好地坚持"自觉积极性原则"。从本质上看，这并不是什么新问题，而是我们忽视了教学原则（也应该包括锻炼原则）和制定教学大纲的原则的问题。

从调查来看，大中小学生对体育的厌学具有年龄特征、经济特征和体育教师的教学水平及教学态度特征。对此很好理解，同样的教材，由不同的教师去教授，其结果可能是不同的；学校物质条件的优劣，会明显影响学生学习的积极性。学生对体育的厌学问题具有年龄特征的现象可以归纳为年龄越低，对体育活动的积极性越高。这可能是因为低年龄的学生对体育活动的形式更感兴趣，而高年龄学生对体育的功利问题更感兴趣。至于感觉体育活动能带来快乐的人多还是对体育厌学的人多，这几乎没有争论和研究的必要，最好还是具体问题具体分析，具体问题具体解决。

素质教育注重对学生心理素质的培养。我们可以看到，有不少的学生存在着既希望自己身体健康，又“厌恶”体育课的现象。调查表明，这种“厌恶”的情绪主要不是因为对运动本身的反感，而是来自心理障碍，来自心理需求得不到满足。无论如何，学生的厌学问题使我们感到在体育教育中加快素质改革步伐的必要性和紧迫性。

快乐体育是日本全国体育学习研究协议会于1979年提出的适应日本社会变化的体育思想。其基本宗旨是把运动作为体育追求的目标而不仅仅是手段，把运动作为学生将来生活的内容来教给他们，让他们能够理解、享受、掌握和创造运动，使运动文化成为他们生活中不可缺少的一部分，直至终生。

快乐体育传入我国已有十余年。这种体育教育的形式，对我国广大体育教师和体育教学产生了一定的影响，对解决体育“厌学”问题起到了一定作用。但是，不少体育教师仅把快乐体育理解为“乐与汗”；相反，对于缺少“乐与汗”的体育教学活动，就认为是不快乐。这种理解可能简单了一些。当前，随着我国教育体制改革和素质教育的深入发展，结合我国快乐教育的理论与实践，深层次理解快乐体育显得十分必要。

第三节　高校体育教育教学管理模式的实践探索

一、高校体育实施“课内外一体化”教学的探索与实践研究

高校体育的教学改革伴随着网络时代的发展，一直在满足学生的个性化需要方面凸显着弊端。如何对学生课内外体育教学与锻炼同步进行科学合理的指导与管理，成为高校体育教学探索与实践的重要环节。APP技术的迅速发展，为解决体育教学课内外一体化问题提供了可能性。基于APP设计高校体育课内

外一体化的教学模式，可对每位学生的课内外体育活动进行管理及考核，实现教学新突破。

（一）“课内外一体化”教学探索的重要意义

2014年6月11日，教育部印发《高等学校体育工作基本标准》，体育课程设置与实施严格执行《全国普通高等学校体育课程教学指导纲要》，必须为一、二年级本科生开设不少于144学时（专科生不少于108学时）的体育必修课，每周安排体育课不少于2学时，每学时不少于45分钟；为其他年级学生和研究生开设体育选修课，选修课成绩计入学生学分；每节体育课学生人数原则上不超过30人。这说明国家对于高校体育课程的重视，对于国民身体素质提高的重视。但是实现这些要求需要合理安排高校体育课程教学。目前很多高校面临资金不足、师资力量有限、教学场地设备受限以及教学课程内容设置不能满足学生需要等方面的现实困难。如何实现“课内外一体化”教学，如何利用好网络化、智能化的时代资源，创新高校体育教学实践，既满足学生个性发展的多样化需求，又丰富校园文化建设，是实现高校体育“课内外一体化”的必由之路。

（二）“课内外一体化”教学探索主要内容

1.“课内外一体化”的教学模式设计

实际走访调研，切实掌握目前高校体育教育课内教学以及课外体育锻炼的实际情况。根据国家政策的相关要求，设计课内外体育教学涵盖的项目和内容，将早操、课外阳光健康跑、课外自主锻炼设置为课外考核项目，并制定相应的考核标准，制订完善的教学管理执行方案。

2. APP软件功能设计思路

本课题拟定与信息公司联合设计开发一套基于APP的课内外体育教学管理软件。

①学生可以通过APP记录课外锻炼、跑步、早操的信息，并上传服务器。

②教师可以实时登录系统，查询自己班级的每名学生的课外体育锻炼情况，实时督促学生进行课外锻炼，期末可以根据学生课内外体育教学完成情况进行体育课程赋分。

③教师进行学生体质健康测试，通过APP上传体测成绩，学生可以登录系统查询成绩。

④学生可以通过该系统进行体育与健康的理论知识考核，并将成绩上传至服务器。

3. 基于APP课内外体育教学管理软件的应用反馈

首先，对所设计的APP课内外体育教学综合管理系统进行预应用，以某高校2018级本科生为预应用对象，运用该管理系统进行“课内外一体化”体育教学，在实施过程中及实施后进行反馈调节，对APP课内外体育教学综合管理系统进行修正与完善。其次，对修订与完善后的APP课内外体育教学综合管理系统进行进一步预应用，以2019级本科生为进一步预应用对象，并不断地对该系统进行修正与完善。

（三）“课内外一体化”教学探索的创新之处

首先，体育“课内外一体化”的教学改革，使高校体育课扩展到课外教学，让体育锻炼贯穿学生的大学生活，从而有效改善其身体健康状况。使体育锻炼成为学生生活的日常，培养终身体育意识，从而提高全社会体育素质，建设体育强国。

其次，借助APP技术，更新高校体育的教学方法，从而有效地改善高校体育教学效果。运用大数据时代特有的信息处理方法，有效地对体育教学的信息数据进行分析整理，依托科学合理的体育锻炼指导方法开具“运动处方”，是今后教学探索的又一创新点。

再次，体育人文精神的培育以锻炼身体的运动实践为基础，良好的意志品质得益于运动实践的锤炼。体育运动不仅带来身体的强健，更加有利于大学生踏实乐观精神状态的培养。尤其是现在“00后”大学生以“低头族”“慎独族”居多，影响了大学生正常的人际交往范围和能力。“课内外一体化”的教学探索可以有效解决以上诸多问题，营造乐观向上的校园文化氛围，从而树立体育文化自信。

最后，高校体育利用信息智能化APP软件开展“课内外一体化”教学探索与实践，既符合教育教学规律，又是对高校体育教学改革的创新，具有重要的实践意义。

二、体教融合：中国特色竞技体育后备人才培养模式转化与创新

2020年，经中央全面深化改革委员会第十三次会议审议通过，国家体育总

局与教育部联合颁布了《关于深化体教融合 促进青少年健康发展的意见》（以下简称《意见》）。《意见》以“一体化设计，一体化推进”为实施原则，涵括以健康第一为指引加强学校体育工作、完善青少年体育赛事体系、加强体育传统特色学校和高校高水平运动队建设、深化体校改革、大力培养体育教师和教练员队伍、规范组织领导、加强组织实施和政策保障8个主题37项措施细则，视野开阔，措施明确，有助于推进“纵到底、横到边、全覆盖”的体教一体发展，共促青少年健康成长，共建竞技体育人才培养体系，实现培养全面健康发展的时代新人和竞技人才辈出的双目标。特别值得一提的是，《意见》中涵括了将竞技体育人才培养纳入国民教育体系是深化体教融合的关键性举措的新内涵，为基于促进青少年健康发展的竞技体育人才培养模式（以下简称“体教融合模式”）的探索奠定了深厚基础。本书旨在对体教结合模式进行创造性转化、创新性发展，探索新时代中国特色竞技体育人才培养的新路径。

（一）体教结合的缘起

中华人民共和国成立初期，我国体育事业在百废待兴中起步。为快速提高运动技术水平，攀登世界体育高峰，展示新中国形象，国家体委采取了“集中食宿、集中训练、集中管理”模式组建优秀运动队，迈出了竞技体育人才培养的第一步。经过多年的实践探索，形成了我国竞技体育人才培养业余与专业衔接的“三级训练网”，为我国竞技体育的崛起提供了人才储备和支持。由于“三级训练网”中的竞技体育人才被局限在相对封闭的体育系统中，一定程度上造成了我国专业运动员文化教育水平总体不高、退役安置渠道较窄等问题，影响到了竞技体育后备人才的培养和选拔。对此，1981年全国体委主任会议提出“优秀运动队向学校化过渡，逐步纳入国家教育结构，是提高运动员技术水平和文化水平，解决运动员出路的根本性措施”的意见，部分省区通过运动队与体育学院合并筹建运动技术学校等方式，开始推进体育与教育结合培养体育后备人才。继1986年国家体委正式发文鼓励部分普通高校开展业余训练“培养有社会主义觉悟、科学文化知识合格，并具有较高体育运动技术才能的优秀人才”后，1987年国家教委颁发《关于部分普通高等学校试行招收高水平运动员工作的通知》，并正式开始在全国51所高校试行“半读半训”竞技人才培养模式的新探索。自此，以破除学训矛盾、文体失衡，提升运动员文教水平、综合素质，解决就业为主要目标的体教结合培养竞技人才模式开始呈现。

1. 体教结合培养竞技人才模式概述

体教结合秉承“学训结合、亦训亦读”的竞技体育人才培养理念与方式，在实践中形成5种具有代表性的路径：一是国家体委直属体育院校以建成“教学（教育）、科研、训练”基地为主要目标的“教科训三结合”路径，北京体育大学为其中佼佼者；二是地方体育院校以“运动队办学校、学校办运动基地”为特征，以满足运动员求学需求为主旨的“运动队办学校”路径，南京体育学院是其中典范；三是综合性大学推动体育社会化发展试办高水平运动队，追求体脑均衡发展，培养竞技体育人才的“学校办队”路径，清华大学为其中探索者；四是地方学校顺应竞技体育发展趋势，服务地方经济社会发展现实，结合地方实际提升地方竞技体育实力而采用的“省队校办”路径，南京工业大学是其中成功者；五是高校竞技人才培养体制与市场机制结合，运用社会资本打造校园体育俱乐部路径，北京理工大学为其中践行者。应该说，这5种路径是我国具有较大影响力的体教结合的“范式”，在竞技人才选拔、培养、退出、安置等方面进行了有益的探索与实践，为我国体育与教育两大领域携手合作，共同培养竞技体育后备人才做出了积极贡献。

2. 体教结合培养竞技体育后备人才的历史贡献

（1）形成了亦读亦训理念共识

随着体教结合培养竞技体育人才模式的多元化呈现，体教结合理论与实践探索的不断深入，发挥体教两个方面的优势，遵循体育和教育的规律，践行学习训练两不误的“亦读亦训”的理念，成为社会普遍共识。在“亦读亦训”的实践过程中，促进了“集中与分散相结合、培养竞技体育、人才多强对抗的训练体制”的建立，将竞技体育人才培养由传统的“三级训练网”向“高校高水平运动队”扩展。体育和教育共同推动、文化与体育协同进步的亦读亦训、读训平衡培养共识，对提升我国竞技人才文化素质和综合素质，助力竞技体育强国建设做出积极贡献。

（2）建立了体教结合的培养机制

20世纪80年代形成的“体教结合”培养竞技后备人才模式，初步建立了竞技体育人才由体育系统向教育系统横向流动机制，形成了体育、教育、财政、人力资源和社会保障等部级定期研究部署和协调解决重点和难点问题的联席会议和督导工作机制；创立了竞技体育人才梯队制度，形成了基础教育、高等教育与竞技体育相互衔接的竞技运动训练链，允许符合国家政策的优秀运动员通过单招单考等方式进入高等院校；建立了大中小学一条龙的竞技体育人才选拔机制，通过体育特长班、体育班的形式开展训练，拓宽了人才选拔来源，增加了竞技体育后备人才储备量，为提高竞技体育后备人才培养质量奠定了基础。

（3）专设了政府职能管理机构

为保障体教结合的健康、可持续发展，教育和体育两个领域均专设了政府职能机构进行管理和推进。教育部1975年设立体育司，后更名为体育卫生与艺术司，负责指导大中小学体育和健康教育工作；地方各级教育行政部门设立了相应的管理机构，负责学校体育的指导与监督工作；国家体育总局于2010年 5月设立青少年体育司，负责指导和推进青少年体育工作，其两项最重要职责是指导竞技体育高水平后备人才培养工作，指导全国各级各类体育运动学校、体育传统项目学校、青少年体育俱乐部、各运动项目后备人才基地建设和有关学生文化教育工作，地方各级体育行政部门同级设立相应的管理机构，负责相应工作。在体教双方政府行政管理部门的指导和支持下，体教结合培养竞技体育人才进程得到大幅度推进。

（4）搭建起竞技体育人才流动的桥梁

体教结合按照“从小培养、打好基础、系统训练、积极提高”原则建立了人才逐级上升通道，一定程度上实现了从普通中小学运动队、业余体校或初级中学、重点体校或高中直至运动队或高等院校训练的递进人才纵向流动。普通学校中有运动天赋的学生可以通过选拔渠道转入体育系统进行专业训练，体育青训队员可以通过体育专业单独招生或高等学校高水平运动员招收途径进入高校学习，实现了体育与教育横向流动。此外，通过完善运动员职业转换社会扶持体系，鼓励退役运动员长期或短期进入高等院校培训学习，为优秀运动竞技人才退役后“流向”社会打开了一个通道。

3. 传统体教结合模式的问题与不足

20世纪80年代形成的体教结合模式在体育与教育两个领域合作机制等方面进行了一些探索，使体育和教育两个领域由“你是你，我是我”的分离状态转向了“你与我，我与你”的结合状态，在体教结合培养竞技体育人才的道路上迈出了重要一步，但存在的不足也减慢了前进的步伐。

（1）金牌优先偏离了体教结合的价值取向

20世纪80年代中期，我国竞技体育以“金牌战略”“奥运战略”“全运战略”为价值引领，“攀登体育运动技术高峰，赶超世界先进水平”一度成为竞技体育人才培养的终极目标。在体教结合培养竞技体育人才过程中出现了价值偏离：一是为“争金夺银”而急功近利、弄虚作假、罔顾健康；二是为提高技术水平而挤占文化知识的学习时间，导致文化学习边缘化，使一些运动员没能完全享受公平受教育的权利；三是过度强调体育为国家争光的政治性，强化运动员的“工具”价值，忽视了“人本”价值等。这些都对竞技体育后备人才的健康成长造成负面影响，偏离了体教结合的初衷，也影响了竞技体育人才培养的可持续发展。

（2）制度的引领力和兼容性有待提高

20世纪80年代形成的体教结合模式在我国推行近40年，成效明显，但与预期成效有较大距离，其中主要原因是制度规范缺失。从宏观来看，体教结合模式在制度上缺乏顶层设计，在微观层面上缺乏制度的兼容性，导致体教结合实施缺乏层次性，衔接缺乏关联性，发展缺乏方向性，目标缺乏明晰性。表现为：竞技体育后备人才“三级训练网”前行乏力，体育院校竞技体育人才培养功能弱化，普通高校难以独担培养竞技体育人才重任，竞技体育人才呈现规模萎缩、质量下降态势，导致竞技体育后备人才培养文化低标准、培养低要求、出口低质量的后果。[①]

①谷茂恒，姜武成．高校体育教学评价体系的构建［M］．北京：航空工业出版社，2019.

（3）资源供给不足与错位并存

承担竞技体育人才培养职责的普通高校，在运动训练方面，存在体育场馆设施不全、高水平教练员缺乏、科研保障能力低下、经费投入较少等问题，事实上难以保障高水平竞技体育人才训练需求；在文化学习方面，课程设置、教学内容、教学进度、教学方式刚性，难以适应高水平竞技体育人才学习需求。这种资源供给不足和配置错位的结果，导致竞技体育人才在运动技术水平上，难以达到高水平竞技体育后备人才要求，能为国家效力参加国际大赛的人才寥寥无几；在学科专业上，一些优秀运动员尽管拥有文凭和学历，但因只是达到学校对学生要求的最基本标准，在择业上不具备竞争优势。

（4）人才流动渠道有限

竞技体育能否保持高速、健康发展，人才流动渠道畅通与否是重要检验指标。在体教结合模式中，竞技体育人才流动渠道存在以下问题：一是“上下”流动不顺。竞技体育后备人才招生难、选才难、晋级难，形成“难上”，运动员占编、占岗不退役，形成“难下”，人才匮乏与积压并存。二是“左右”流动不通。业余体校、重点体校、专业队体育传统项目学校、中小学、高等院校之间的人才流动多有障碍，运动员进入教育系统适应难、角色转变难，高水平运动队学生获得平等选拔、代表国家参赛的机会难，形成横向淤堵。三是“前后”转换不畅。体育系统闭环运行承担运动员退役安置工作，受其接纳能力、退役运动员安置制度及运动员综合素养和能力所限，运动员退役择业和就业难的现象普遍存在，形成运动生涯与职业生涯转换不畅。上述问题长期未能得到很好的解决，致使体教结合培养竞技人才的质量与规模均与期望相差较大。对体教结合模式进行升级转换、创新发展成为竞技体育发展的必然需求和时代使命。

（二）体教融合培养竞技体育后备人才模式

体教融合培养竞技体育后备人才模式是在体教结合模式的基础上，秉持融合发展理念，坚持“一体化设计、一体化推进”原则，突破利益固化的藩篱，破除体制机制的束缚，推动体教互为一体，共同培养新时代竞技体育高水平后备人才的新模式。体教融合模式可分为院校化、市场化、社会化三类。

1. 院校化路径

院校化是世界体育强国培养竞技体育后备人才的主要形式。以高校作为培养高水平竞技体育运动员的主渠道，将其运动员纳入竞技体育后备人才培养序列，并代表国家承担国际竞赛任务，是体教融合在体制机制上的重要突破。根据专业性质和办学目标，高校可分为体育院校和普通院校两类。

（1）体育院校与专业队融合的“队校型”

我国专业体育院校在创建之初，按照中共中央组织部、青年团中央联合发出的《关于选拔各项运动选手集中培养的通知》要求，本应承担培养全国各项体育活动最优秀选手的任务，由于历史原因未能实现。1979年后，随着我国恢复奥运会合法席位，因快速提高竞技体育水平的需要，竞技体育后备人才培养被提上体育工作的议事日程。国家体委在直属体育学院中创办了附属竞技体育运动学校，按照“亦读亦训，科学训练”的教育训练方针，在不断探索和总结竞技体育人才培养经验的基础上，提出了体育院校“教学、训练、科研”三结合的办学模式。经过多年探索，竞技体育“亦读亦训，科学训练”的后备人才训练体系和体育院校“教学、科研、训练”三结合的办学模式获得了较大成功。一大批青少年优秀后备人才和大学生运动员脱颖而出，多个运动项目取得了前所未有的优异成绩，培养出了一批世界冠军、奥运冠军，受到了国内外高度关注。体育院校竞技体育后备人才与高水平运动员培养的成功实践，充分证明了我国体育院校完全能够担负起培养优秀竞技后备人才和高水平运动员的教育训练重任。遗憾的是后期出现了定位摇摆、角色模糊、机制不畅等问题，将其推向夭折边缘。《意见》的颁发和“体教融合”理念的提出，为重新发挥专业体育院校培养竞技体育高水平后备人才的优势提供了契机。

“队校型”作为专业体育院校，自行培养高水平竞技体育人才路径在新时代重新开启。“队校型”的特点和优势为：一是训练早期专门化。体育院校得天独厚地拥有中学与大学相衔接的教育训练完整体系，可在对竞技体育人才实行运动技术早期专门化的“科学训练”中进行层级衔接的同时，将文化学习贯穿始终，在“亦读亦训”中实现育人育才的目标。二是专业优势突显。以体育为专业特色的体育院校，具备了围绕竞技体育人才培养的高水平教练团队、优质科研团队、一流运动场馆设施、综合性体育学科群、竞技体育人才成长的环境与氛围等良好的支撑条件，为竞技体育人才培养提供了必需的专业条件。三是选材与成才率高，“亦读亦训，科学训练”的培养方式与实施路径，在化解了学训矛盾的同时，疏通了竞技体育人才早期选拔的堵点，大量人才的涌入，扩大了选拔优秀人才的范围和机会，为提高竞技体育高水平后备人才的成才率夯实了基础。四是晋升与退出机制畅通。从体育特长人才到竞技体育后备人才，再到竞技体育高水平人才的晋级，可由竞技体校进入省市专业队，再通往国家队。无法实现此“晋级”的竞技体育人才，则可以在学校的初中、高中、大学各阶段实现竞技体育专业人才向体育专业学生的身份转换。这种转换是基于“亦读亦训”文体并进的培养方式的成功实践。“队校型”的实质是专业院校办专业队。此路径在今天重新作为我国竞技体育后备人才培养的主渠道进行拓展，以往的经验与不足都是重要借鉴。尤其是要把队校型的特色和核心的“亦读亦训”中的“读”落到实处，使竞技体育后备人才培养完全融入国民教育体系，让竞技体育后备人才真正接受到系统、完整、高质量的教育，同时要将“训”规范化，将竞技体育后备人才的培养纳入运动训练的专业化轨道，在充分发挥体育院校训练、科研、场地专业优势的基础上提高人才培养的成才率。

（2）高校自办高水平运动队的“双高型”

普通高校自办高水平运动队是竞技体育人才培养院校化的另一条途径，其对实现竞技体育人才文化素养与运动技能协调发展意义重大。双高型的特点是打通了体育与教育培养竞技体育人才体制机制的隔墙，为高校运动员学生实现文化学习与运动训练共进提供了制度和机制保障。双高型的实质是“名校办名队”，其持续发力培养文体平衡的竞技人才的优势体现为：一是实现文体共进。双高型以“学分制、延长学制、个性化授课、补课”等方式推行弹性学习，化解竞技体育人才培养中的学训矛盾，保证了运动员文化素养提高和运动技能双提高。二是可优化资源配置。教育部门将竞技体育人才文化学习纳入高校教学体系，在高等教育的平台上完成竞技体育人才的受教育经历；体育部门为竞技体育人才提供专业训练、专业竞赛、专业保障、专业出口的平台，托举竞技体育人才向高水平后备人才迈进。三是扩大人才的储备量。随着对高校高水平运动队办队自主权的政策倾斜，高校运动员与专业运动员身份认定、水平认定、参赛资格认定的统一，高校运动员走出校园，进入竞技体育的主战场，为国争光为民添彩，将极大激发高校培养竞技体育人才的积极性和热情，有效扩大竞技体育人才培养的储备量，为分散培养竞技体育人才，提升竞技水平做出贡献。

双高型实施的关键是需要进行机制方面的调整：一是增强高校办“队”的自主性。可通过制定体育特长学生的评价、升学保障等政策措施，深化招生、培养、竞赛、管理制度等改革，使高校能在运动项目选择和招生人数等方面实现自主。二是统一认定标准。通过建立统一认定标准，实现运动员资格认定的统一、运动员水平认定的统一和运动员参赛认定的统一，完成多头管理的统筹和多渠道参赛的一体化设计与推进。三是畅通运动员选拔途径。打通双高运动员与专业运动员横向流动的政策堵点，确保竞技人才选拔的公平、公正、公开原则的实施，选拔双高运动员进入省队、国家队，以“合法身份”参加国际比赛。此外，“双高型”能否成功还取决于高校的硬件条件和运动训练水平，只有在高水平的教练团队、高水准的科研团队、高质量的训练场馆的支撑保障下，在坚持不懈进行科学训练中提高竞技水平，才能提高高水平竞技体育人才的贡献率。

（3）地方高校与地方政府融合的“校地型”

据统计，我国地方高校占高校总数的96%，在校生规模约4000万人，有着竞技体育后备人才培养的巨大潜力。探索地方政府与地方高校联办运动队，推动竞技人才培养提质增效，对我国竞技体育后备人才培养可持续发展具有积极的现实意义和深远的历史意义。“校地型”模式是地方高校回应当地竞技体育发展需要，主动承担竞技体育人才培养任务和建设地方运动队的责任，通过整合社会资本、人力资源、场馆设施等资源，与地方政府合作培养竞技人才的方式。此模式的优势和特点体现在：一是地方高校可借用地方政府的财政投入、政策倾斜、设施建设、软件完善等，提高地方高校体育场地设施建设、体育师资和体育资源投入水平，实现学校办学条件的改善。二是地方政府根据地方实际情况，灵活、合理使用联合办队或以购买服务的方式，鼓励学校开展项目训练、运动队梯队建设，可借助高校特有的科研资源、学科专业资源、教育教学资源，提高本地竞技体育人才的教育水平，并解决传统模式下的学训矛盾等问题，提升退役运动员再就业竞争力，解决出路狭窄问题。打通地方高校与地方政府融合的“校地型”路径，关键是要处理好“融合问题”。地方政府应充分利用高校学习、训练、科研一体化的条件，推动省级运动队与高校融合，由学校结合自身优势、师资配备、特点，承接、承办地方项目运动队，建立起分级、分档的融合体制；校地双方投入各自优势资源，共同推动竞技后备人才培养，政府利用自身的优势承担场地规划建设、资金投入、资源供应、人员调配、考核监督等责任；学校承担日常管理、训练、竞赛、教育等责任，由此建立责任分担、利益均沾、优势互补融合机制，充分激发学校办运动队的积极性和地方政府扶持学校发展的主动性，实现校地共同发展。

2. 市场化路径

市场化路径是在“有偿训练、有偿培养、有偿流动”“谁投资谁培养谁受益”等理念引领下，鼓励市场主体按照经济规律、竞技体育发展规律和人才成长规律培养竞技体育人才的模式。这是市场经济条件下竞技体育人才培养的重要途径，在发挥市场调节效能促进竞技体育人才流动、提高人才培养积极性方面有着不可替代的作用。其可有两种运作方式。

（1）学校与企业融合的“校企型”

学校与企业联办运动队是市场化竞技体育人才培养的主要方式。其特点是通过教育链、体育链、人才链、产业链紧密衔接，实现竞技体育人才培养目标。其优势有三：一是资源配置优势。校企双方合作建立衔接有序的竞技体育俱乐部竞赛、训练和培训体系，特别是企业增量投入，可提升资源供给总量，以市场运作提升资源配置效率，弥补学校在训练师资、高端设备、科学化训练和竞赛组织上的不足。二是“变现”效益优势。企业在与学校合作中占据与学生（优秀运动员）交流、塑造企业形象、推广企业品牌、扩大企业影响力的先机，有利于培育忠诚于企业的黏性用户，提升企业长期盈利能力和实现远期盈利预期目标，促进企业盈利模式多元化，实现为国培养人才的社会效益与企业自身经济效益的统一。三是市场机制优势。企业通过资金投入、资源投入、模式输入等，完善有偿训练渠道、竞赛奖助体系和退役职业转换机制，实现人才“入口”和“出口”双畅通。“校企型”通过优秀竞技体育人才的有偿流动和有偿服务为企业获取利润，实现企业持续发展，进而形成持续投入的良性循环。

“校企型”的能否成功主要取决于以下几个方面：一是要创新培养制度，建立起企业、市场和学校相衔接的制度规范，出台市场主体资质认定、水平审核和安全性评估规范，保障学生健康权、受教育权和运动权。二是创新培养方式。应按照人才需求，实行订单式竞技体育后备人才培养，探索精准培养竞技体育人才的途径。三是创新学习方式。可在不降低学业标准要求、确保教育质量前提下，通过弹性学制、学分制、个性化授课等方式为优秀运动员完成学业创造条件。

（2）学校与体育场馆融合的“校场型”

体育场馆运营是体育市场化的先行者。1984年《中共中央关于进一步发展体育运动的通知》要求国有体育场馆向公众经营开放，体育市场化序幕就此拉开。2020年国务院办公厅发文提出要“增加场地设施有效供给，补齐场地设施短板，提升场地设施运营水平”，为体育场馆市场化运营大步向前提供了政策支持。“校场型”培养竞技体育人才是体育场馆运营机制的创新。竞技体育人才培养质量取决于诸多条件，其中场馆设施是最基本和最重要的条件。诸多大型体育场馆具备竞技体育训练、竞赛所需的设备设施和环境氛围，对竞技体育人才的培养具有独特的促进作用。此外，我国大型体育场馆多是因一些综合性大型赛事而修建的，也饱受赛后闲置、利用率低的困扰。学校利用大型体育场馆进行竞技体育高水平后备人才培养，既能满足高水平竞技训练对体育场地设施的需求，创新体育场馆运营机制，探索学校与体育场馆合作培养竞技体育人才的新路径，又可充分利用体育场馆闲置，弥补学校竞技体育人才培养的专业运动场馆设施不足的问题。“校场型”既为提高大型体育场馆利用率、社会价值、经济效益和社会服务能力提供了契机，也为提高竞技人才培养质量提供了优质资源，是具有推广价值的路径。

“校企型”面临的问题仍然是创新：一是要创新运营机制。“校场型”

的实现，需改变公共体育场馆管理方式、营运模式、服务行式，要以“场地设施共享利用”推进场馆所有权和经营权分离，向学校“低免”开放，以政府补贴、购买服务、租赁等形式与学校建立竞技体育人才培养合作关系。二是要创新服务形式。与其他合作方式不同的是，在校场型合作中，体育场馆方的服务功能较突显。这是在满足竞技体育人才培养的条件下开展的长期的、全方位的和精细化的服务，其服务意识、服务方式和服务质量决定了竞技体育人才培养的成效和实现体育场馆在青少年健康促进、训练体系和竞赛体系构建中的价值。三是创新育人功能。体育场馆不仅是体育活动展开的物理空间，还是展示体育文化的育人场所。可通过回顾场馆曾举办的经典赛事，整理著名运动员在场馆训练或比赛留下的历史瞬间，展示从场馆里走出去的运动健将的风采等方式丰富场馆的历史积淀，营造激发和坚定竞技体育人才训练竞赛激情和信心的环境和氛围，实现“空间育人”“场所育人”价值。

3. 社会化路径

我国体育社会化改革始于20世纪80年代。在1983年《国家体委关于进一步开创体育新局面的请示》“推动城乡体育进一步社会化，进入家庭，深入社会各个领域”的促进下，社会力量开始兴办运动队，竞技体育人才培养由此进入国家与社会相结合的轨道。经过近40年的探索，我国在社会办体育方面取得了骄人的成绩，正逐步形成“强政府、大社会”的体育管理格式，体教融合培养竞技体育人才应充分发挥“社会力量”的积极性，引导和支持社会力量参与竞技体育后备人才培养工作，鼓励兴办多种形式的青少年体育训练机制。“社会化路径”下亦有两种方式可探索。

（1）学校与运动项目协会融合的“校协型”

单项体育协会是促进运动项目发展的主体责任机构，肩负运动项目管理与发展的职责。2019年国家发展改革委等十部门发布《关于全面推开行业协会商会与行政机关脱钩改革的实施意见》要求，单项协会分期分批与行政机关脱钩。据此，体育领域正在积极进行单项体育协会脱钩的改革，可以预见脱钩后的单项协会的专业性、权威性作用将得到更加充分地发挥，这为学校和“协会”合作培养竞技体育人才奠定了良好的基础。“校协型”是指脱钩后的单项体育协会根据自身需求，将不同层级的运动队转移至符合要求的学校，由各类学校承担运动队日常训练、竞赛、后勤保障、文化学习等任务，实现协会与学校共融发展。“校协型”具有以下优势：一是单项运动协会可借助学校青少年人才聚集的优势，选拔优秀的运动项目人才，并可在广大青少年中传播运动项目知识、技能，扩大运动项目的辐射面以及为运动员学习文化知识创造有利条件；学校可借助各项目协会体育专业人才资源和运动队管理方面的经验，提升体育教学科研实力、训练竞赛水平和实践服务能力，提高竞技人才培养水平。二是单项运动协会在推动运动项目发展过程中形成的专业性、权威性，有助于促进各级各类学校进一步丰富体育运动项目的形式和内容。三是单项协会在赛事规划、组织、运行方面积累了丰富经验和渠道，可提升青少年体育训练竞赛专业化、职业化水平，推动运动员资格认定标准的统一、运动水平认定的统一、选拔标准的统一、奖励评估标准的统一，完善青少年训练和竞赛体系。

“校协型”欲取得成功，需要在以下几方面进行调适和改革：第一，“协会”要“融得进”“立得住”。运动项目协会要以“亲民”姿态主动依托学校、服务学校培养竞技体育人才，来实现服务社会的发展目标。在与学校融合发展中，运动项目协会应以专业领域的权威性、影响力和号召力确保竞技体育人才培养的专业性和高水平。第二，学校要“引得来”“用得好”。学校需尽可能发挥运动项目协会在训练、竞赛方面的主导作用，积极为协会提供相应的制度支持、人员配备、资源供给、服务保障，把竞技体育人才培养融入学校教育体系，在提高学校体育的训练、竞赛水平的同时，凸显竞技体育人才培养的育人功能。第三，人才要“育得出”“流得动”。“校协型”培养方式旨在突破学校与协会之间的围墙与阻隔，促进运动员在“学生”和“运动员”之间合理流动，实现育人育才同步。为此，学校要以教育优势、人才优势、保障优势与协会的专业优势、训练优势、竞赛优势相融合，为促进竞技体育人才成长发力。

（2）学校与家庭融合的“校家型”

自20世纪90年代初期推动体育职业化改革以来，随着职业体育发展对专业竞技人才需求的数量与类型日益增多，我国竞技体育人才培养模式也在悄然变化。特别是《2001—2010年体育改革与发展纲要》提出“鼓励和支持社会以及个人资助、兴办业余训练”后，我国出现了家庭自主培养竞技体育人才的方式，丁俊晖、冯姗姗等职业运动员就是通过个人努力及家庭自主培养的成功案例。家庭自主培养方式一定程度上为我国小众、新兴的职业化运动项目的优秀运动员取得优异成绩开辟了新路。但家庭自主培养优秀竞技体育人才在实践中面临的难题诸多，其中最为突出的是文体失衡，如丁俊晖、潘晓婷、颜丙涛、周跃龙等台球运动员均因过早开始专业化训练，未能接受完整的大学教育而留下遗憾。“校家型”方式对破解这一难题有独到之处：一是项目选择灵活。校家型强调个人在运动项目选择上的主导性，项目转换灵活，适合于新兴、个体和市场化度高的项目发展。二是能满足个性化需求。“校家型”能充分满足个性化需求的特点，可作为整体性、系统化培养竞技人才的必要补充，有助于提高部分弱势项目的竞技水平，对我国增加国际竞赛夺金点、实现全项目参赛有积极意义。三是打通了学校与家庭共同培养运动员渠道，可实现竞技体育后备人才培养“家庭作坊”与国民教育的结合，为拓宽我国竞技人才培养渠道，探索多样化人才培养方式提供了新途径。综上所述，体教融合模式是在坚持国家主导基础上，激活社会各方动能，逐渐实现竞技体育人才培养由以国家为主向多方承担过渡，最终建成“国家监管、院校做主、社会做大、市场做强、家庭参与”的多元化竞技体育后备人才培养体系，以建构有中国特色的竞技体育人才培养之路。

（三）体教融合模式对体教结合模式的创造性转化与创新性发展

“体教结合”模式作为中国特色竞技体育人才培养的有益探索，取得了显著的成效，为我国竞技体育腾飞做出了不可磨灭的贡献，但其本身存在的问题也使之逐渐失去了发展的势头。《意见》提出的“深化体教融合”正是针对体教结合在实践中存在的问题提出的指导性意见，其核心是立足学校，以学训平衡、文体协调为目标，竞赛为杠杆，构建青少年健康促进、青少年运动训练、青少年运动竞赛三大体系，不断开拓中国特色竞技人才培养的道路。

1. 体教融合模式对体教结合模式的创造性转化

体教融合模式在对体教结合模式的选择性继承中，立足体育和教育作为全民事业的基本定位，通过构建竞技人才培养新格局，疏通原有的机制和资源等方面堵点，促进竞技人才有序流动等途径完成创造性转化。

（1）推进多元主体协同，形成多元竞技体育人才培养格局

体教融合模式鼓励多元主体协同，调动社会、市场、家庭、学校等培养主体的积极性，开辟多元化、多层次竞技人才培养路径，形成政府主导、学校主体、社会与市场支撑、家庭以及其他创新形式补充的“五位一体”竞技体育人才培养格局。在“五位”中，政府主要通过政策制定进行指导与调控，明确竞技人才培养中不同主体的角色、职责，吸引社会组织提供体育服务，规范市场准入机制，协调各方利益；学校让政府、社会、市场、家庭的资源在教育平台上实现汇聚、整合、优化，是沟通政府、社会、市场与家庭的纽带与桥梁；

社会与市场通过提供增量资源、渠道和服务，有效弥补政府主导、学校主体在场地设施、师资队伍、专业指导等方面的缺陷与短板；家庭自由培养通过个性化、灵活性项目选择、分散化培养方式，填补我国三级训练网在新兴项目人才培养上存在的空白，增加竞技项目保有量和夺金点。概言之，政府、学校、市场、社会与家庭密切配合、分工合作，政府适度赋权重点发挥宏观治理主导作用，学校上接政府、下接市场，社会与家庭居中勾连，市场、社会与政府建立互补与合作关系，家庭补缺，由此构建起主次分明、关联立体、各司其职、各居其位的“五位一体”的竞技人才培养格局。

（2）打通资源供给堵点，优化资源配置实现资源融合

体教融合模式着力破除部门利益隔阂、资源匮乏与配置失衡等顽疾，旨在通过优化资源配置以实现竞技人才培养资源融合：一是拓宽资源渠道。体教融合模式鼓励政府以购买服务、创新场馆运营、统筹地方资源等创新方式，吸引、鼓励各类主体进入竞技体育人才培养领域，遵循“谁培养谁受益”原则，促进各利益主体在主动融合、自觉融合、能动融合、创造融合中扩大资源来源，拓展资源供给主体。二是打通资源供给堵点。以“党委领导和政府主导”为基本遵循，充分发挥党委领导和政府主导的宏观性、总体性、决定性作用，破除利益群体间有形或无形的利益固化藩篱，打通资源供给堵点，实现资源融合，形成促进竞技体育人才培养质量提升的强大资源推动力。三是挖掘整合资源优势。在人才培养日益复杂、系统、集成化的现代社会，竞技体育人才模式培养对各种资源的整合统筹、挖潜力度和融合程度也提出了更高的要求。体教融合模式以系统化、整体化思路，将原有的竞技体育人才培养的分散、零碎的体育与教育资源进行挖掘、整合，发挥资源的聚集优势、整体优势和协同优势，形成竞技人才培养的强大合力。

（3）完善制度体系，推动人才有序流动

体教融合模式以打通体育和教育系统的制度阻隔为手段，推动竞技人才自由有序流动。一是修订“互认”制度。采取“共同制定学校体育标准”“共同组织，拟定赛事计划，统一注册资格”，整合“各级各类青少年体育赛事”“在校学生的运动水平等级认证制定统一标准并共同评定”“成绩纳入体育、教育部门双方奖励评估机制”等，实现竞技后备人才培养各环节的“标准化”“制度化”。二是深化“互任”制度。完善专业教练与体育教师交流任职制度，通过教练与教师的“互任”，使运动员与学生互享优质的教育资源和体育资源，实现文体协调、“读训并重”。三是完善“互通”制度。打通普通学校体育特长学生“进体育”的阻碍，促进建立运动员学生和学生运动员的水平互认制度，制定体育特长学生升学、训练保障措施、实施弹性学籍制度，拓展体育特长学生成长空间，畅通学生转为专业运动员的渠道，将优秀学生运动员纳入竞技体育后备人才序列，扩充竞技体育人才储备库。与此同时，打通竞技运动员“进教育”的阻碍，鼓励退役运动员进入体育院校、普通高校等教育系统进行文化知识学习、职业技能培养和社会适应能力提升，完成职业转化，促进再就业。四是规范“升降”制度。按照“公开公平公正”原则制定竞技人才升降流动制度体系，通过国家、省、市、县四级学校体育竞赛和选拔性竞赛，检验人才培养质量，实现“以赛代练”“以赛育人”“以赛选人”，选拔最优秀运动员代表国家参加国际比赛，畅通运动员上下渠道，实现后备人才有序、规范流动。

2. 体教融合模式对体教结合模式的创新性发展

体教融合模式是对“体教结合”模式的拓展和升级，旨在以体育与教育融合的基础上进一步深化、广化、细化，通过培养理念、培养模式、培养体制和运行机制的创新，满足竞技体育人才培养的新需要。

（1）以融合发展观引领理念创新

体教融合模式的目标是发挥学校体育在提高竞技体育水平中的基础性作用，以融合发展观引领青少年文化学习和体育锻炼协调发展，在锤炼意志、健全人格中促进青少年健康成长，成为德智体美劳全面发展的社会主义建设者和接班人。围绕这一目标，体育与教育两大领域在“创新、协调、绿色、开放、共享”新发展格局指引下，以“融合发展”推动理念创新和实践创新。体教结合模式就实质而言是体育与教育两个相互独立的主体间的关联，在承认体育和教育差异性、主体间性和二元性的基础上，通过二者配合形成合力培养竞技体育后备人才，服务国家竞技体育发展。体教融合模式强调体育与教育间的共性，以融通一体化达到互生、共生、新生，实现理念、机制、体制、功能、目标、责任的融通汇流，追求从形式到实质的一致性，表现出一体性、一元性。融合的出发点是合二为一，以一体化避免条块分割引发分力、分歧与对抗，实现普通学生健康促进和运动员竞技水平共同提升。体教融合对体教结合培养竞技体育人才模式的超越和突破，是以新时代融合发展观引领理念创新，从顶层设计上以融合发展为基准，在协调推进中以融合发展达共识，在落地实施时以融合发展破堵点。融合发展观是体教融合的灵魂，引领了体教融合的理念，也赋予了中国特色竞技体育人才培养模式新的生命。

（2）以一体化设计推动体制创新

“一体化设计”是深化体教融合的精髓所在。体教融合模式在一体化设计的推动下，实现竞技体育人才培养的体制创新。首先是训练体制创新。20世纪五六十年代形成的“三级训练网”是我国竞技人才培养的主阵地，在我国竞技体育发展中发挥十分重要的作用。体教融合模式的推行要进一步厘清体育系统三级训练网与教育系统竞技人才培养之间的关系，建立起以三级训练网为主、以体教融合为辅的训练体系，明确“在体育传统特色学校的基础上建立健全‘一条龙’人才体系，由小学、初中、高中组成对口升学单位，开展相同项目体育训练，解决体育人才升学断档问题”的导向，构建新型举国体制与市场机制耦合的青少年培养训体系。其次是竞赛体制创新。以培养德智体美劳全面发展的社会主义建设者和接班人为目标，整合体教双方赛事资源，共同制订覆盖全面的赛事计划，改革青少年赛事、调整规模、合并重合赛事、规范赛事运营，建立科学分段、合理分区的竞赛体制，鼓励竞技体育人才通过“常赛”提高竞技能力。最后是保障体制创新。我国具有集中力量办大事的制度优势，在深化体教融合中，充分发挥政府宏观调控优势，学校教学、训练、科研优势，社会与市场调节优势，家庭补充优势，为竞技体育人才培养提供坚实保障。

（3）以“一体化推进”促进机制创新

“一体化推进”是深化体教融合的有力措施。体教融合模式在一体化推进下实现机制创新。一是以党委领导和政府为主导实现组织一体化。建立青少年体育工作部际联席会议制度，强化各级党委和政府的主导作用和主体责任，将教育、体育改革纳入议事日程，党政负责人要熟悉、关心、研究体育和教育，以党的权威统领顶层设计，总揽全局，协调各方，突破部门规章限制，开展有效跨部门合作，形成领导组织一体化体系，从根本上破除制约体教融合发展的机制障碍。二是以文化学习与体育锻炼协调发展实现“学训一体化”。体教融合以“推动青少年文化学习和体育锻炼协调发展”应对“学训矛盾”，其实质是平衡学训失衡、构建学训一体化培养机制。体教融合模式通过强化体育特长学生学业考核评价，配齐配足配优文化课教师，加强教育教学管理，以优质教育资源和教育条件提高竞技体育人才文化教育水平。三是加强学校体育训练和完善赛事体系协同实现赛训一体化。体教融合模式将政府体育资源、社会体育组织、体育培训机构、体育企业力量整合配置于学校中，通过多种形式的课内外、校内外训练、培训促进竞技人才运动技能提升，通过不同区域范围、年龄组别的竞赛检验训练成效，以赛代训，以训促赛，在训练中突出竞赛目标，在竞赛中明确训练方向，从而实现赛训的最大成效。四是以青少年文化考核成绩与参赛资格获取的关联实现学赛一体化。体教融合模式保障竞技后备人才的文化教育经费供给、师资配备、效果评估，制定青少年赛前文化课考试机制、科学训练机制，保障学习时间，不断提高文化教育质量，并以文化素养助力运动技能的理解与学习，建立青少年文化学习与赛事体系密切配合的体教融合运行机制，强化竞赛的杠杆作用，实现学赛同步、赛学互促的一体化发展。

（4）以整体协同实现培养模式创新

培养模式创新是破解体教结合模式难题的关键。体教融合注重整合互补性资源，在发挥各自优势的基础上，确保融合有益、有效和有为。一是开放体育赛事，实现以赛育人。体教融合鼓励竞技人才参加课余训练、竞赛活动，在培养中通过扩大校内、校际体育比赛覆盖面和参与度，提高竞技人才参赛体验，实现“常赛”。更重要的是推动体育系统向青少年开放赛事，增加青少年参赛机会，发挥体育系统赛事资源育人价值。二是开放教育资源，实现整体育人。教育资源有效利用是体教融合目标实现的基础，统筹利用好教育资源，挖掘师资、教学、科研等方面的潜能，通过多种方式、多种渠道提升竞技体育人才文化教育水平，实现人才选拔、人才培育、人才流动和人才出路的整体规划的顺利完成，育人与育才融合发展。三是推行因材施教，注重差异化育人。体育和教育系统密切配合，开展满足青少年不同层次、运动水平的训练、竞赛活动，注重青少年在现有基础上的文化教育、运动能力的提高，因人施教、因材施教，让每一个青少年都能享受到类型上的差异化发展，而不是高低层次上的差异化发展。通过多种文化学习方式、多样化教学质量评估等，完善青少年健康成长路径与渠道。

参考文献

[1] 刘景堂. 高校体育教学改革研究［M］. 北京：中国纺织出版社，2019.

[2] 夏越. 现代高校体育教学研究［M］. 北京：北京理工大学出版社，2019.

[3] 常德庆，姜书慧，张磊. 高校体育教学与运动训练研究［M］. 吉林：吉林出版集团股份有限公司，2020.

[4] 陈轩昂. 新时期高校体育教学的改革与发展［M］. 北京：航空工业出版社，2019.

[5] 谷茂恒，姜武成. 高校体育教学评价体系的构建［M］. 北京：航空工业出版社，2019.

[6] 张艳. 高校体育教学与体育竞赛活动研究［M］. 北京：北京工业大学出版社，2018.

[7] 王丽丽，许波，李清瑶. 教育技术在高校体育教学中的实践探索［M］. 吉林：吉林人民出版社，2021.

[8] 王惠. 高校体育教学方法研究［M］. 北京：光明日报出版社，2016.

[9] 任婷婷. 高校体育教学管理改革与模式构建［M］. 长春：吉林大学出版社，2017.

[10] 马鹏涛. 高校体育教学改革创新与科学化训练研究［M］. 北京：新华出版社，2018.

[11] 郭道全，魏富民，肖勤，等. 现代高校体育教学概论［M］. 北京：中国商务出版社，2015.

[12] 周遵琴. 高校体育教学改革与发展［M］. 成都：电子科技大学出版社，2015.

[13] 李建芳，陈汉华. 现代高校体育教学探索［M］. 北京：北京体育大学出版社，2001.

[14] 宋军. 高校体育保健课与体育教学［M］. 成都：四川大学出版社，2018.

[15] 杨景元，董奎，李文兰. 体育教学管理与教学现状［M］. 长春：吉林人民出版社，2019.

[16] 董波. 高校体育管理研究［M］. 西安：西安交通大学出版社，2017.

［17］张劲松，张树巍. 高校体育管理理论与实践［M］. 沈阳：东北大学出版社，2016.
［18］董大志，周余，陈维富. 现代体育教学管理探索与课程实务研究［M］. 北京：中国书籍出版社，2016.
［19］孙丽娜. 大学生体育与健康研究［M］. 北京：煤炭工业出版社，2018.
［20］王斌. 我国高校体育教师心理资本特征及影响因素的研究［M］. 天津：天津社会科学院出版社，2019.
［21］盛冀萍. 实用体育管理学［M］. 昆明：云南科技出版社，2017.
［22］王勇. 大学体育教程［M］. 大连：大连海事大学出版社，2018.
［23］任晋军，王肖天. 普通高校竞技体育品牌建设研究［M］. 上海：上海交通大学出版社，2020.
［24］谢明. 高校体育教育理论探索与实务研究［M］. 长春：吉林人民出版社，2020.
［25］姜文晋，唐晶，李秀奇. 创新教育背景下高校公共体育创新路径和科学管理研究［M］. 徐州：中国矿业大学出版社，2018.
［26］谢丽娜. 高校体育风险管理研究［M］. 长春：吉林人民出版社，2020.
［27］王会娟，黄瑞敏. 体育产业经营与管理［M］. 北京：北京邮电大学出版社，2017.
［28］陈博. 理论与实践体育场馆的运营管理［M］. 北京：中国经济出版社，2020.
［29］董芹芹. 体育项目管理［M］. 武汉：华中科技大学出版社，2018.